Wahre Dualseelengeschichten

Karmische Liebesgeschichten mit Happy End

Ricarda Sagehorn & Cornelia Mroseck

AF176656

„Die Liebe braucht ein Spiegelbild, um sich selbst in ihm erkennen zu können.“

Ricarda Sagehorn & Cornelia Mroseck

Wahre Dualseelengeschichten

Karmische Liebesgeschichten mit Happy End

Ricarda Sagehorn & Cornelia Mroseck

Besuche uns im Internet:
www.karmische-liebe.de
oder
www.dualseelen-liebe.de

Bibliografische Information der Deutschen Nationalbibliothek:
Die Deutsche Nationalbibliothek verzeichnet diese Publikation in
der Deutschen Nationalbibliografie; detaillierte bibliografische Da-
ten sind im Internet über http://dnb.d-nb.de abrufbar.

© 2018 Ricarda Sagehorn & Cornelia Mroseck

Herstellung und Verlag:
BoD - Books on Demand GmbH,
Norderstedt

ISBN 978-3-7528-9686-2

Bildernachweis:
Cover: love © okalinichenko
Ornament: Floral Elements © losw
(alle Bilder von Fotolia.com)

Inhalt

Vorwort

Seit fast 15 Jahren beschäftigen wir uns nun schon mit Dualseelen und ihren ganz persönlichen und ureigensten Geschichten. Wir könnten so viele davon erzählen, dass wir damit wohl eine ganze Bibliothek füllen könnten. Trotzdem findet man kaum irgendwo wahre Geschichten, die von einem glücklichen Ausgang berichten. Und auch wir wurden immer wieder gefragt, warum man so selten etwas von einem Happy End in diesen so herausfordernden und doch so schönen und einzigartigen Liebesgeschichten hört oder liest.

Das hat oft folgenden Grund:

Viele Betroffene suchen Hilfe bei einem Coach oder Berater und auch den Austausch in Gruppen und Foren im Internet, während es ihnen mit dem Liebeskummer, den diese Seelenliebe mit sich bringt, sehr schlecht geht. Diese Plattformen sind also vor allem Treffpunkt für all jene, die innerhalb ihrer eigenen Dualseelengeschichte noch nicht zu einem Happy End gekommen sind, weil sie noch mitten in den Lernaufgaben und Prozessen stecken. Die Erfolgsstories, wie wir sie auf unserer Homepage nennen, sind deshalb naturgemäß in diesen Foren dünn gesät.

Es hat aber auch noch einen weiteren Hintergrund:

Im Verlaufe der Lernaufgaben und Prozesse der Dualseelenbeziehung, die der Loslasser durchläuft, lernt dieser, sich wieder vermehrt auf sich zu besinnen, es sich gut gehen zu lassen, seinen Kummer zu überwinden und sich wieder mehr ins Leben zu stürzen und dieses zu genießen. Und viele verlassen dann im Verlaufe ihrer Entwicklung auch irgendwann diese Gruppen und Foren im Internet, in denen sich alles um den Herzschmerz der Dualseelenliebe dreht, weil es ihnen wieder zunehmend besser geht und sie sich mit all dem Liebeskummer dahinter nicht mehr so sehr identifizieren. Auch suchen sie die Hilfe ihrer Berater und Coaches weniger. Die Chancen auf eine positive Rückmeldung wie: „Wir haben es geschafft!" oder „Wir sind jetzt endlich in einer Beziehung!" sind also auch aus diesem Grund eher gering, wenn tendenziell weniger Menschen auf solchen Plattformen unterwegs sind, die (schon fast) am Ende ihres Dualseelenweges angekommen sind.

Wir persönlich haben jährlich auf unserer Beratungs- und Coachingbasis immer zwischen 30 und 50 positive Rückmeldungen über ein Happy End erhalten – ob nun per Email oder auch am Telefon. Nur hieß das aber auch in unserem Falle nicht immer gleich, dass wir diese Erfolgsgeschichten veröffentlichen durften oder konnten. Denn natürlich versprechen wir eine Verschwiegenheit ähnlich einer Schweigepflicht, wenn wir uns mit unseren Klienten unterhalten. Schließlich ist das essentiell für eine vertrauensvolle Zusammenarbeit in dieser doch immer wieder auch heiklen Thematik. Und auch wenn das Internet eine große Anonymität zulässt, war und ist es vielen Betroffenen nicht recht, dass ihre intimsten und privatesten Angelegenheiten irgendwo nachzulesen sind. Denn wie oft geht es bei einer Dualseelenliebe ja auch nicht nur um eine oder zwei Personen. An vielen Konstellationen sind ja auch Ehepartner, Lebensgefährten und Kinder beteiligt. Wir haben also auch oft keine Einwilligung erhalten, von diesen Happy Ends zu berichten. Und dabei brauchten wir ja auch nicht nur das Einverständnis des Loslassers für eine Veröffentlichung, sondern ja auch die des Gefühlsklärers. Ihn betrifft es ja schließlich ebenso.

Mit diesem Buch möchten wir nun jedoch ein paar Geschichten mit Happy End erzählen. Sie beruhen auf wahren Begebenheiten, Geschichten, die tatsächlich so passiert sind. Und wir danken den Protagonisten dieser Geschichten, dass wir die Erlaubnis erhalten haben, sie in ihrem Sinne und mit ihrer Hilfe niederzuschreiben und allen Lesern zugänglich zu machen. Denn das ist – wie bereits erwähnt - nicht selbstverständlich. Schließlich ist die eigene persönliche Geschichte – und gerade eine Dualseelengeschichte, die so tief in die eigene Seele und in die Privatsphäre reicht, so viel vom eigenen Leben und seinen Umständen preisgibt - etwas so Intimes, das es eine Menge Courage erfordert, sie so vielen Menschen offenzulegen.

Zum Schutz dieser mutigen Menschen haben wir Namen verändert und Kleinigkeiten an den Geschichten abgewandelt, damit ein direkter Zusammenhang zu den realen Personen, die hinter diesen Erzählungen stehen, nicht mehr allzu offensichtlich herzustellen ist. Der Kern der Dualseelengeschichte und ihre individuellen Herausforderungen blieben davon jedoch unberührt.

Den Erzählstil der Erfahrungsberichte haben wir bewusst locker gehalten, damit sie sich angenehm lesen lassen. Und es ist ganz so, als wenn die Betroffenen selber sprechen. Alle Geschichten sind außerdem aus der Sicht des Loslassers geschildert, so dass du dich gut mit ihnen identifizieren kannst.

Trotzdem noch eines vorweg:

Um die Geschichten im Einzelnen wirklich verstehen zu können, ist es fast unerlässlich, dass du mit unseren anderen Büchern vertraut bist. Denn da es sich bei allen Erfahrungsberichten um solche aus unserer Praxis handelt, beruhen sie natürlich auch auf unserem Erklärungsmodell von Dualseelenverbindungen und unserem Wissen als Coaches, das wir in alle den Jahren zusammentragen durften. Wir würden dir deshalb dringend empfehlen, zumindest unser erstes Buch „Dualseelen & die Liebe" gelesen zu haben, bevor du dich mit den hier geschilderten Geschichten beschäftigst, damit dir die Handlungsweisen und Entwicklungsprozesse der Protagonisten einleuchtend erscheinen. Wir haben nämlich in diesem Buch bewusst darauf verzichtet, die Grundzüge einer Dualseelenliebe noch einmal zu erläutern.

Wir hoffen nun, dass diese Geschichten dir auf deinem Dualseelenweg den Mut und die Kraft mitgeben, die diese Entwicklungsreise dir oft abverlangt. Mögen sie dir auch die Zuversicht schenken, dass am Ende alles gut wird und sich all die harte Arbeit an dir selbst und an dieser wundervollen aber auch oft schmerzhaften Liebesbeziehung lohnt.

Conny & Ricarda

Eine Geschichte unter Singles

Die Geschichte von Manuela & Andreas

Endlich hatte ich, Manuela, mich nach 3-jähriger Beziehung von meinem Partner getrennt und nach langem Suchen eine wunderschöne, kleine Wohnung gefunden. Es war alles so anstrengend: Diese ständigen Anrufe von ihm, mit der Bitte wieder zurück zu kommen, der neue Job und das Einrichten meiner neuen Wohnung. Ich wollte nur zur Ruhe kommen, hatte jedoch das Gefühl es wurde immer stressiger. Eines Abends schmiss ich mich in meine Joggingsachen und beim Verlassen meiner Wohnung stand meine Nachbarin, ebenfalls in Sportkleidung, im Treppenhaus und wir beide mussten herzhaft lachen. Sie stellte sich als Birgit vor und hatte die Idee, dass wir gemeinsam joggen. Sie gab mir Tipps, wo ich am günstigsten einkaufen und Essen gehen könne, wo ich den nächsten Drogerie-Markt und einen guten Friseur finden könne und warnte mich vor zwei Nachbarn in unserem Haus. Der eine ist ständig betrunken und randaliert im Treppenhaus; der andere ist als Frauenheld bekannt. Ich dachte mir: Das ist mir egal, Hauptsache sie lassen mich in Ruhe!

Eines Abends klingelte Birgit bei mir und fragte mich, ob ich Lust auf ein Glas Wein bei ihrem Griechen hätte und ich sagte nur: „Warum nur ein Glas Wein? Es kann auch gerne Essen und Wein sein!" Wir gingen los und wurden von dem Chef des Restaurants sehr herzlich empfangen. Wir bekamen einen schönen Fensterplatz und gaben unsere Bestellung auf. Auf einmal kam eine ganze Horde von Männern ins Lokal und sie setzten sich an unseren Nachbartisch. Der Lärmpegel stieg, so dass wir uns kaum noch unterhalten konnten. Gerade als wir zahlen wollten, sagte eine Stimme: „Kommt doch zu uns an den Tisch." Wir zögerten erst ein wenig, da es schon ziemlich spät war, setzten uns aber dann doch zu ihnen rüber! Es war eine lustige, gesellige Runde. Die Stimmung war angeheizt und plötzlich legte jemand eine Hand auf meine Schulter und sagte: „Rück mal ein wenig rüber, damit ich mich setzen kann." Ich drehte mich um und sah zwei wunderschöne, blaue Augen! Mir stockte der Atem...! „Aufwachen... und zur Seite rücken!", johlte die Gruppe! Ich war wie gelähmt! Diese Augen und die Berührung... ich hatte das Gefühl, dass gerade ein Blitz in mir eingeschlagen hatte! „Ich bin der Andreas und du bist meine neue Nachbarin, stimmt´s?" Ich konnte nichts erwidern, hörte aber die flüsternde Stimme meiner Nachbarin: „Das ist der Frauenheld Andreas, dein Nachbar! Pass gut auf dich auf, denn ich glaube, du bist sein Typ!"

Wir hatten völlig die Zeit vergessen und es wurde sehr spät. Zu dritt machten wir uns auf den Heimweg! Meine Nachbarin verzog sich gleich in ihre Wohnung, aber Andreas und ich standen noch über eine Stunde im Hausflur und redeten über Gott und die Welt! Ich war hundemüde und trotzdem wollte ich nicht in meine Wohnung gehen. Er machte den Vorschlag, noch kurz bei mir einen Kaffee zu trinken und kaum hatte ich meine

Tür aufgeschlossen, fielen wir auch schon übereinander her. Es war der geilste Sex meines Lebens!! So etwas Aufregendes hatte ich noch nie erlebt! Und ihm ging es genauso wie mir.

Was dann folgte war unglaublich! Es war die pure Leidenschaft! Wir trafen uns fast jeden Abend und hatten tollen Sex ... manchmal auch nur am Telefon. Es war wunderschön, er sprach von „heiraten, Kinder bekommen, ein Haus bauen" und wir schwebten im 7. Himmel!

Nach ein paar Wochen wendete sich das Blatt! Er hatte auf einmal wichtige Termine, konnte Verabredungen nicht einhalten und er zog sich immer mehr zurück! Ich verstand die Welt nicht mehr! Es war so wunderschön und plötzlich war alles anders! Ich kriegte ihn kaum noch zu Gesicht, geschweige denn ans Telefon, denn schließlich hatte ich ständig versucht, ihn zu erreichen.

Als ich Birgit im Hausflur traf, erzählte sie mir, dass Andreas eine neue Freundin hätte. Ich war fassungslos! „Wie - WIR sind doch zusammen!", hämmerte es in meinem Kopf! Das kann nicht sein! Abends wartete ich vor seiner Wohnungstür, bis er nach Hause kam. Ich stellte ihn zur Rede und er fing nur an zu lachen: „Glaubst du wirklich, dass ich mit so einer Klette wie dir etwas Festes will?!" Seine Worte trafen mich wie ein Faustschlag ins Gesicht!

Die folgenden Tage, Wochen und Monate drehte sich alles um Andreas. Warum – wieso – weshalb - wollte er mich nicht mehr? Was habe ich falsch gemacht? Meine Kollegen fragten mich ständig, was mit mir los sei, denn ich konnte mich nicht mehr richtig auf meine Arbeit konzentrieren; es schlichen sich immer mehr Fehler ein und ich schaffte mein Arbeitspensum nicht mehr. Ich war völlig ausgelaugt und kraftlos.

Abends verkroch ich mich in meiner Wohnung, stand stundenlang vor dem Fester, um zu schauen, wann und mit wem Andreas nach Hause kam. Eines Abends, als er wieder mit einer Frau in seine Wohnung ging, wartete ich noch ein wenig und ging dann runter zu ihm und klingelte Sturm. Er öffnete nur mit einer Unterhose bekleidet die Tür und ich rastete völlig aus! Ich schrie ihn an, er sei eine männliche Hure! Er fing nur an zu lachen und knallte mir die Tür vor meiner Nase zu!

Ich war das erste Mal in meinem Leben mit allem überfordert. Meine Nachbarin zog sich immer mehr zurück, denn sie konnte mich nicht verstehen: „Such' dir einen anderen. Auch andere Mütter haben schöne Söhne." Ich konnte diese Worte nicht mehr hören. Ich wollte ja, aber es ging einfach nicht!

Mit allen Mitteln versuchte ich mich abzulenken. Trotzdem fing ich an, Kartenleger anzurufen, um eine Erklärung zu bekommen, was hier passierte. Ich hörte aber immer wieder: „Er tut dir nicht gut – such' dir einen anderen – er liebt dich nicht – lass' ihn los." Andere Kartenleger sagten aber: „Gib ihm Zeit – du musst ihm zeigen, dass du ihn liebst – melde dich bei ihm – hab' Geduld – in drei Monaten seid ihr zusammen."

Meine finanzielle Lage verschlechterte sich wegen all der Telefonate immer mehr. „Ich brauche Unterstützung, sonst lande ich noch im Irrenhaus!", dachte ich. Nach langem Zögern fasste ich allen Mut und vereinbarte einen Termin bei einer

Therapeutin. Auch von ihr hörte ich zum wiederholten Male: „Lassen Sie die Finger von diesem Mann! Er möchte sein Leben leben und hat nicht vor, mit Ihnen eine Beziehung zu führen! Machen Sie die Augen auf!"

Für mich gab es keine Hoffnung mehr, denn die Geschichte zog sich nun schon mehr als 2 Jahre. Ich sah Andreas hin und wieder im Treppenhaus, mal allein und mal in Begleitung ständig wechselnder Frauen. „Worauf bist du bloß reingefallen? Seine schönen Worte und der geile Sex! Habe ich mir das alles nur eingebildet?", fragte ich immer wieder.

So konnte es nicht weitergehen. Ich recherchierte im Internet, warum ich von diesem Mann nicht loskam. Ich stolperte förmlich über die Seite „Karmische-Liebe.de" und kam aus dem Staunen nicht mehr raus! Alles, aber auch wirklich alles, was ich durchgemacht habe, fand ich auf der Seite wieder. Ich konnte mit dem Lesen nicht mehr aufhören. Zu guter Letzt bestellte ich mir zuerst einmal das Buch „Der Gefühlsklärer", denn ich brannte darauf, zu wissen, was bei ihm los ist. Danach musste ich mir die anderen beiden Bücher auch noch kaufen und so langsam dämmerte es bei mir. Ich verstand immer mehr, warum die Situation mit Andreas so gekommen ist!

Ich vereinbarte mit Ricarda und Conny, immer abwechselnd, Beratungen und sie gaben mir eine Affirmation, mit der ich zuerst sehr zögerlich, jedoch dann nach ein paar Wochen konsequent arbeitete. In den Gesprächen mit den beiden hatte ich nach Jahren das erste Mal das Gefühl, dass mich jemand verstand. Es war einfach unglaublich! Der riesige Liebeskummer wurde mittels der Affirmation in den nächsten

Wochen und Monaten weniger und mir ging es immer besser. Natürlich hatte ich immer wieder schwache Momente. Hin und wieder brach ich in Tränen aus und zwar immer dann, wenn ich Andreas im Treppenhaus begegnete oder ihn von Fenster aus beobachtete, wie er wieder mit einer neuen Flamme nach Hause kam. Aber ich konnte mit der Situation, speziell nach den Beratungen, besser umgehen. Es wurde immer leichter für mich.

Auch meinen Kollegen fiel auf, dass ich mich wieder besser konzentrieren konnte, schoben es allerdings auf meine Therapie. Sie fragten mich auch wieder, ob ich noch auf ein Feierabendbier Lust hätte und ich freute mich riesig, mit dabei sein zu dürfen.

Da der Kontakt zu Birgit schon fast abgebrochen war, fasste ich mir ein Herz und bat sie um ein Gespräch. Sie freute sich sehr darüber, dass es mir besser ging und wir beschlossen, wieder joggen zu gehen. So ganz nebenbei erzählte sie mir, dass Andreas Probleme auf Arbeit habe und kaum noch wegginge. Er habe seine große Wohnung gekündigt und zöge in eine kleinere am Stadtrand. Ehrlicherweise muss ich gestehen, dass es mich ein wenig freute, ließ mir aber nichts anmerken. Ich wollte nicht mehr über die Vergangenheit nachdenken, denn ich war heilfroh, dass ich wieder Boden unter den Füßen hatte - und so sollte es auch bleiben!

Ich setzte alles dran, dass es mir weiter gut ging. Langsam öffnete sich auch mein Herz wieder, um andere Männer wahrzunehmen. Ich veränderte mich nicht nur im Innen, sondern auch im Außen. Ich nahm 10 kg ab und kaufte mir neue Klamotten. Birgit witzelte: „Dann brauchst du auch eine neue Haarfarbe und eine pfiffige Frisur!" Gesagt - getan! Es fühlte sich alles so gut an! Zwischen Birgit und mir entwickelte sich eine tolle Freundschaft. Wir unternahmen sehr viel zusammen und planten einen gemeinsamen Sommerurlaub an der Nordsee.

Die Zeit bis zum Urlaub verging wie im Flug und los ging es Richtung Nordsee. Wir hatten uns ein schönes, kleines Hotel gebucht mit eigenem Badestrand. Herrlich! Wir brutzelten tagsüber in der Sonne und abends ging es ab in die Disco. Flirten war angesagt!

Ich kam gerade von der Damentoilette, da sprach mich eine fremde Frau an: „Bist du nicht die Nachbarin von Andreas? Ich kenne dich doch! Du bist doch die, die so ausgeflippt ist, als ich bei ihm war!" Ich wusste nicht, wo ich hinschauen sollte - es war mir so peinlich! Ich erklärte ihr die damalige Situation und entschuldigte mich für mein blödes Verhalten. „Nein, nein, ist schon gut. Andreas ist ein Blödmann! Das, was er mit dir gemacht hat, hat er auch mit mir gemacht. Und mit vielen anderen Frauen auch.", entgegnete sie. Wir plauschten vor der Damentoilette und plötzlich stand Birgit neben mir. Sie sagte: „Ich dachte, du hast dich versehentlich runtergespült. Ich wollte nur mal schauen, ob du noch lebst." Wir drei mussten lachen und verbrachten zusammen noch einen fröhlichen Mädels-Abend. Birgit und ich verabschiedeten uns von Anette und tauschten Tel.-Nr. aus! „Wir hören und sehen uns, o.k.?", rief uns Anette noch zu. Birgit und ich waren ziemlich betrunken und torkelten ausgelassen Richtung Hotel.

Zu schnell verging unser Urlaub. Wir fuhren wieder nach Hause und während der Autofahrt fragte mich Birgit: „Und - hast du im Urlaub an Andreas gedacht?" Es war Funkstille im Auto. Ich hatte im Urlaub nicht einmal an ihn gedacht – außer in der kurzen Situation mit Anette. Es war, als hätte mir jemand still und heimlich die Andreas-Gedanken aus meinem Kopf herausgezogen. Es war ein großartiges Gefühl, mal nicht wie ferngesteuert gedanklich nur bei ihm zu sein.

Zu Hause angekommen fiel ich hundemüde ins Bett und schlief sofort ein. An nächsten Morgen ging ich in die Küche, um mir einen großen Pott Kaffee zu kochen. Als ich an meinem Telefon vorbeiging, sah ich, dass mein AB voll war. Zuerst holte ich mir meinen Kaffee und setzte mich dann gemütlich auf mein Sofa und hörte meinen AB ab. Andreas hatte über 20mal bei mir angerufen und um ein Treffen gebeten oder besser gesagt, zum Schluss war es eher ein Betteln. Ich war baff! Damit hatte ich überhaupt nicht gerechnet. Nachrichten von ihm! Oh, mein Gooott!

„Will ich mich mit ihm treffen? Ausgerechnet jetzt, wo ich raus bin aus all dem Chaos und dem Leid!" Alles in mir schrie: „Bloß nicht!!!"

Es vergingen ein paar Tage und ich beschloss, mich NICHT bei ihm zu melden. Ich wollte alles hinter mir lassen und meine neugewonnene Freiheit genießen.

Ich hatte es mir gerade auf meiner Couch gemütlich gemacht, ein Gläschen Wein eingegossen und eine Tüte Chips auf den Tisch gelegt, da klingelte es an meiner Haustür. Ich schrie:

„Warte Birgit, ich muss mich erstmal anziehen!" Ich hörte nur: „Lass dir Zeit, ich kann warten." Mir blieb der Atem stehen: DIE STIMME!!! Ich rannte wie ein aufgescheuchtes Huhn durch meine Wohnung. Wo ist verdammt nochmal meine Hose? Und mein Spiegel flüsterte: „Lass die Tür zu; so wie du aussiehst!"

Ich atmete ein paarmal tief durch und öffnete dann die Haustür. Vor mir stand Andreas mit einem riesigen Blumenstrauß. „Ich glaube, ich muss dir etwas erklären", sagte er und ich bat ihn in meine Wohnung. Er stand da und wollte etwas sagen, aber es kam nichts aus ihm heraus. Es lag eine unheimliche Spannung in der Luft. „Was ist los? Warum kommst du so ohne Anmeldung vorbei?", fragte ich ihn. Er räusperte sich und sagte dann: „Ich hatte Angst, dich anzurufen, da du dich nicht bei mir gemeldet hast. Da habe ich allen Mut zusammengenommen und mich auf den Weg zu dir gemacht. Und nun bin ich hier." Wir gingen ins Wohnzimmer und plötzlich hatte er Tränen in den Augen: „Es tut mir alles so leid, wie es zwischen uns gelaufen ist. Ich habe mich wie ein Arschloch dir gegenüber verhalten. Ich weiß nicht, wie ich das wiedergutmachen kann." Wir saßen beide da und schwiegen uns an. Mir fiel absolut nichts ein - ich war sprachlos! Anstatt über das nachzudenken, was er sagte, hatte ich im Kopf: Dualseelen & die Liebe – Hilfe – genau wie im Buch beschrieben!

Es folgten Erklärungen, wie zum Beispiel: Mutter und Vater hatten sich getrennt als er noch sehr klein war. Er war ständig bei der Oma, da seine Mutter keine Zeit für ihn hatte. Die Arbeit, der Haushalt, Schulaufgaben kontrollieren; sie war damit total überfordert und hatte einfach keine Zeit für ihn. Er musste sich immer alleine beschäftigen, wenn er zu Hause bei der Mutter war. Und wenn er mal Probleme mit Freunden oder in der Schule hatte, sagte Mutter immer: „Probleme gibt es nicht! Ich will das Gejammere nicht hören!" „Ich musste irgendwie damit fertig werden.", sagte er, „Mutter hatte immer Stärke von mir gefordert. Und das ist bis heute so. Ich spielte also ein Spiel und wenn es mir zu problematisch wurde, suchte ich das Weite. Ich war mit dir total überfordert, da ich gespürt habe, dass du mehr von mir haben wolltest, als ich bereit war zu geben. Gerade in den letzten Monaten habe ich viel über mich und mein Leben nachgedacht. Ich möchte mein Leben verändern und vor allen Dingen möchte ich, dass DU Teil meines neuen Lebens wirst. Ich möchte mit dir zusammen sein und ganz von vorne anfangen. Gibst du mir eine 2. Chance?" Er saß da, schaute mich mit Tränen in den Augen an und machte den Vorschlag: „Lass uns doch damit anfangen, dass wir uns heute einen schönen Fernseh-Abend machen. Ohne Hintergedanken."

In den kommenden Wochen waren wir ständig zusammen, gingen gemeinsam einkaufen, kochten zusammen, machten es abends gemütlich bei mir oder bei ihm und es passierte erstmal sexuell NICHTS. Er wartete geduldig auf ein Zeichen von mir. Nach ein paar Wochen spürte ich, dass auch ich wieder bereit war, mit ihm eine Beziehung einzugehen.

Wir sind mittlerweile glücklich verheiratet und erwarten unser erstes Kind. NIE hätte ich gedacht, dass nach all den Verletzungen, Demütigungen und Umwegen, eine wunderschöne, auf Vertrauen gebaute Beziehung noch möglich gewesen wäre. Aber es war möglich – auch dank Conny, Ricarda und ihren Büchern.

Eine Geschichte unter Verheirateten

Die Geschichte von Jana & Roland

„MAMA! Maaamaaaa, ich darf bei den großen Jungen Fußball mitspielen, obwohl ich erst 9 bin. Ist das nicht toll?", schrie Toni ganz aufgeregt, als er die Haustür öffnete. „Hat das Herr Schmidtke vorgeschlagen oder hast du ihn gefragt", wollte ich wissen. „Er hat es vorgeschlagen und kein anderer Junge aus meiner Klasse darf das! Morgen um 15 Uhr muss ich auf dem Fußballplatz sein. Du bist doch wieder dabei, stimmt´s Mama?" Toni schaute mich fragend an und ich musste lachen! „Natürlich, da wird sich nichts ändern!", erwiderte ich und freute mich für ihn, denn es ist etwas ganz Besonderes, wenn man mit den großen Jungen spielen darf.

Pünktlich standen wir am nächsten Tag um 14:30 Uhr vor dem Eingang des Fußballplatzes und warteten auf den neuen Trainer, Herrn Schmolke. Völlig abgehetzt kam er angerannt und rief schon von weitem: „Geht quer über den Platz; hinten links ist die Umkleidekabine. Wenn du umgezogen bist, dann treffen wir uns um 15 Uhr vor dem rechten Tor, o.k.?" Ich wollte Toni begleiten aber er sagte nur: „Mama, da sind die großen Jungen drin und ich will nicht, dass sie über mich lachen, wenn du dabei bist!" Innerlich musste ich schmunzeln.

Ich stand wie bestellt und nicht abgeholt da und plötzlich fragte mich eine Stimme: „Hat Ihr Junge auch um 15 Uhr Training?" Ich drehte mich um und starrte in zwei stechend blaue, wunderschöne Augen! Mir stockte der Atem! „Was ist denn los mit dir, Jana, hast du noch nie blaue Augen gesehen?", ging es mir durch den Kopf. Er schaute mich fragend an, da ich nichts sagte. „Training? 15 Uhr?", wiederholte er. „Ja, mein Sohn Toni spielt ab heute mit bei den großen Jungen und ich begleite ihn.", stammelte ich. „Das ist aber eine schöne Überraschung, denn sonst bin ich der einzige Zuschauer; andere Eltern lassen sich hier nicht blicken. Ich bin bei jedem Training dabei und warte, bis mein Sohn Paul mit dem Spiel fertig ist. Dieses Hinbringen und Abholen nervt und deshalb bleibe ich lieber gleich hier und genieße auf der Zuschauerbank meine freie Zeit. Folgen Sie mir unauffällig!", sagte er und lächelte verschmitzt. Ich wollte, aber ich konnte nicht! Ich stand wie angewurzelt da. „Kommen Sie, sonst fangen die Jungs ohne uns an!", rief er und ging los.

Ich musste mich zusammenreißen, damit ich nicht ins Stolpern kam. „Was ist nur mit dir, Jana? Du bist eine erwachsene Frau und kein Teenager mehr!", hämmerte es in meinem Kopf.

Wir gingen gemeinsam zum Spielfeld und nahmen Platz auf der Zuschauerbank, als er sagte: „Ich bin übrigens Roland! Wenn wir uns jede Woche hier beim Training sehen, dann sollten wir uns duzen! Wie heißt du?" Schweigen im Walde! „Hast du einen Namen? Und magst du ihn mir verraten?", fragte er erneut. Ich räusperte mich und mein Gesicht glühte wie eine Tomate. „Ich heiße Jana und bin seit 15 Jahren verheiratet!", platze es aus mir heraus! Er lachte und sagte: „Na, so genau wollte ich es gar nicht wissen! Aber wenn wir schon mal dabei sind: ich bin auch verheiratet, und zwar seit 20 Jahren. Wir haben einen Sohn, ich bin selbstständig, fahre ein Auto und habe Schuhgröße 46!" Mit aufgerissenen Augen starrte ich ihn an und wir beide fingen fürchterlich an zu lachen. Der Nachmittag auf der Zuschauerbank war wirklich sehr schön.

Nach dem Training fuhren Toni und ich wieder Richtung Heimat. Er saß auf dem Rücksitz und redete und redete und redete - ohne Punkt und Komma! „Mama, ich habe dich etwas gefragt!", rief Toni. „Mein Gott, Jana, wo bist du mit deinen Gedanken!?", ging es mir durch den Kopf. „Entschuldige, aber ich muss mich auf den Verkehr konzentrieren. Was möchtest du denn wissen?", fragte ich ihn. Er antwortet: „Herr Schmolke fand das richtig klasse, dass du beim Training zugeschaut hast. Sonst sitzt der Vater von Paul immer ganz alleine da! Und ich habe Herrn Schmolke versprochen, dass du ab jetzt immer mit dabei bist! Toll, stimmt´s?" Ich musste erstmal tief Luft holen, um zu reagieren: „Vielleicht bringe ich dich auch nur hin und hole Dich nach dem Training wieder ab. Du hast ja selber gesagt, dass es sein könnte, dass die großen Jungen vielleicht über dich lachen oder Muttersöhnchen sagen und das wollen wir doch nicht!" Ich sah im Rückspiegel, wie Toni grübelte...

Zu Hause angekommen stand mein Mann Peter schon in der Eingangstür! „Ihr seid spät dran! Jetzt muss ich aber Gas geben, damit ich nicht zu spät zum Fußball komme!", sagte er, schmiss seine Sporttasche in den Kofferraum und raste los!

Ich ging in die Küche und kochte mir erstmal einen Kaffee! „Komm runter! Er ist verheiratet und hat ein Kind - genau wie du!", versuchte ich mich zu beruhigen. Ich konnte einfach nicht aufhören, an Rolands blauen Augen zu denken. Innerlich musste ich grinsen, denn auch Peter hatte wunderschöne, blaue Augen. Aber Rolands Augen waren anders! Irgendwie!?

Ich saß gemütlich auf meiner Couch, hatte mir ein Glas Wein gegönnt und schaute mir zum wiederholten Male den Film „E-Mail für Dich" an. Meine Gedanken waren irgendwo, aber nicht beim Film. „Was war denn das heute? Dieser Roland hat mich in meine Pubertät zurückkatapultiert! Wie ein kleines Mädchen bin ich errötet."

„Wo bist du denn gerade unterwegs? Hallooo!" Peter stand direkt vor dem Fernseher und ich hatte es nicht bemerkt. „Sag mal, ich habe heute von unserem neuen Spieler Roland erfahren, dass ihr euch auf dem Fußballplatz kennengelernt habt. Er ist der einzige aus unserer Truppe, der jede Woche beim Jugendtraining mit dabei ist. Ist ein toller Typ.", sagte Peter und verschwand im Badezimmer. „Du meine Güte... Roland spielt auch noch bei den alten Herren? Bei Peter? Musste das sein...!", ging es mir durch den Kopf! Später lagen wir im Bett und Peter wollte mich in den Arm nehmen und noch Sex. „Lass mich, ich habe keine Lust!", sagte ich ziemlich schroff und drehte mich zur Seite. Ich konnte gerade einfach nicht. „War wohl heute kein guter Tag für dich!? Gute Nacht!", maulte Peter und drehte sich beleidigt weg.

Ich kann nicht erklären, was an diesen Nachmittag auf dem Fußballplatz passiert ist. Ich hatte nur noch Roland im Kopf.

Meine Gefühlswelt ist völlig durcheinandergeraten und ich stellte mein ganzes Leben in Frage. „Läuft alles so, wie ich es mir immer vorgestellt habe? Ist Peter der richtige Mann an meiner Seite? Bis dass der Tod uns scheidet?", kreisten meine Gedanken und ich hätte alles gegeben, um endlich wieder Ruhe in meinem Kopf zu bekommen. Immer wieder versuchte ich, die Gedanken an Roland wegzuschieben, aber es funktionierte einfach nicht!

Es verging einige Zeit und Peter eröffnete mir beim Abendessen: „Ich habe für den kommenden Samstag meine Fußballer mit ihren Frauen zum Grillen eingeladen. Ich gehe mal davon aus, dass du nichts dagegen hast!" „Warum stellst du mich vor vollendete Tatsachen; ich hätte gerne mitentschieden!", polterte ich los und verließ den Esstisch. Peter folgte mir in die Küche und sah, dass ich mit den Tränen kämpfte. „Mein Gott!", sagte er, „Ich habe ja nicht geahnt, dass es dir nicht recht ist. Denn schließlich ist es ja nicht das erste Mal, dass wir alle zusammen grillen."

„Doch, es hat sich etwas verändert! Ich habe mich in deinen Fußballkollegen verliebt!", hätte ich ihm am liebsten an den Kopf geknallt - schwieg aber. „Schon gut, ich werde alles organisieren.", lächelte ich ihn gequält an und verließ die Küche.

Der Grill-Abend war ein voller Erfolg. Es wurde gegessen, getrunken und getanzt. Alle, außer mir, waren gut drauf. Zuerst der Stress mit den Vorbereitungen und dann sah ich die ganze Zeit, dass Roland mit seiner Frau eng umschlungen tanzte. Ich hatte sie mir ganz anders vorgestellt: Groß, schlank und attraktiv! So hatte sie mir Roland irgendwie vermittelt während unserer Gespräche beim Fußballtraining unserer Söhne. Sie war aber ein kleines, graues Mäuschen. Und wie gerne hätte ich mit ihr getauscht.

„Man könnte denken, dass die beiden glücklich sind. Der Schein trügt aber!", hörte ich eine Stimme neben mir. Alex, der Torwart, hatte neben mir Platz genommen und einen Arm um mich gelegt. Ich schwieg, denn ich traute mich nicht nachzufragen, was er damit meinte. „Du bist heute so abwesend, meine Kleine. Letztes Mal hast du mir viel besser gefallen. Ist bei euch alles o.k.?", fragte er mich. „Ja, ja, alles prima!", sagte ich leise. Ich nahm seinen Arm von meiner Schulter und ging ins Haus. „So Jana, jetzt ist Schluss mit lustig! Geh wieder raus und zeige dich von deiner besten Seite!", ermahnte ich mich, nahm noch eine Flasche Sekt aus dem Kühlschrank und ging wieder zur feiernden Meute. Ich hatte mich wieder etwas besser im Griff und der Abend verging.

In den folgenden Monaten fuhr ich Toni zum Fußball und jedes Mal wartete Roland auf der Zuschauerbank auf mich. Er redete über seinen Job, über den anstehenden Sommerurlaub, über die Hausrenovierung, über die liebe Verwandtschaft, aber sobald es zu privat wurde, lenkte er das Thema geschickt auf etwas Anderes um.

„Ich habe das Gefühl, dass du über deine Ehe nicht sprechen möchtest; habe ich recht?", fragte ich ihn direkt. „Naja, da gibt es nicht viel zu erzählen. 20 Jahre sind nicht spurlos an uns vorbeigegangen! Die Luft ist raus,", sagte er, „aber eine Trennung kommt für mich nicht in Frage. Lass uns lieber das

Thema wechseln!" Ich starrte ihn an: „Also ist es bei euch genauso wie bei uns. Der Alltag hat uns eingeholt und seit geraumer Zeit denke ich viel über mich und mein Leben nach. Als junge Frau hatte ich so viele Wünsche und Träume und dann lernte ich Peter kennen. Wir heirateten, bauten ein Haus und dann kam Toni. Ich hatte meinen Beruf an den Nagel gehängt, da Peter gutes Geld verdiente." Roland legte das erste Mal seine Hand auf meine und sagte: „Ich möchte nicht, dass zwischen uns etwas entsteht, was wir nicht leben können. Du faszinierst mich, aber mehr geht einfach nicht. Ich möchte, dass alles so bleibt, wie es ist. Punkt!" Ich wollte noch etwas sagen, spürte aber, dass jedes Wort von mir zu viel gewesen wäre. Schweigend saßen wir noch bis zum Ende des Trainings auf der Bank und mehr als ein „bis nächste Woche" kam nicht aus ihm raus.

Und was dann in den nächsten Monaten folgte, war der blanke Horror für mich. Roland begrüßte mich förmlich, saß während des Trainings schweigend neben mir und blockte jede Kommunikation sofort mit den Worten ab: „Ich will mich auf das Spiel konzentrieren und mehr nicht!" Ich kam überhaupt nicht mehr an ihn ran, ich war Luft für ihn. Ich hatte nicht gedacht, dass eine Stunde so verdammt lang sein konnte.

Irgendwann war ich nervlich völlig am Ende und das Schlimmste war, ich konnte mit niemandem darüber reden. Meine damals beste Freundin Angela war nach ihrer Hochzeit mit Jürgen weggezogen und unser Kontakt ist in den letzten Jahren fast abgebrochen. Wenn ich mich bei ihr meldete, hörte ich nur: „Hab´ bitte Verständnis für meine Lage. Die Kinder und die Firma nehmen mich völlig in Anspruch. Jürgen ist geschäftlich viel unterwegs und dann muss ich alles alleine stemmen. Ich habe einfach keine Zeit, mir deine Probleme auch noch anzuhören!" Und genau das wollte ich nicht hören! Denn wenn Angela mich brauchte, war ich immer für sie da. Auch wenn sie mich mitten in der Nacht anrief, um ihr Herz auszuschütten.

Peter bemühte sich sehr um mich, brachte mir Blumen mit und half auch wieder mehr im Haushalt. Er spürte, dass es mir nicht gut ging. „Möchtest du wieder arbeiten gehen? Vielleicht stundenweise? Fällt dir die Decke auf den Kopf? Ich habe Beziehungen und könnte mich mal umhören", fragte er mich ununterbrochen und ich war nur noch genervt. Irgendwann platzte es aus mir raus: „Ich bin unglücklich in unserer Ehe. Ich möchte mehr, mehr erleben, mehr für mich tun. Ich liebe dich nicht mehr! Du bist für mich wie ein großer Bruder." Peter stand wie angewurzelt da und starrte mich mit großen Augen an! „Das glaube ich jetzt nicht! Du willst die Trennung? Du willst alles, was wir uns in den letzten Jahren aufgebaut haben, hinschmeißen, nur um dich zu finden?", fragte er entsetzt. Es herrschte Totenstille! „Dann geh doch ins Kloster oder suche dir einen Therapeuten!", schrie er mich an.

In mir stieg eine Wut hoch und alles, was mir in den letzten Jahren gegen den Strich ging, schmiss ich ihm an den Kopf: „Es ging immer nur um dich! Wir haben unser Leben nur um dich und deine Firma herumgebaut! Wie es mir ging, hat dich doch gar nicht interessiert! Du lebst doch nur für deine Arbeit und deinen Fußball! Ich habe die letzten Jahre immer Rücksicht genommen, aber damit ist jetzt Schluss! Ich suche mir eine kleine Wohnung und Arbeit werde ich auch schon finden!"

Monatelang bewarb mich ab jetzt in verschiedenen Firmen, aber da ich die letzten Jahre nicht gearbeitet hatte, bekam ich nur Absagen. Auch erwies sich die Wohnungssuche als äußerst schwierig. Peter fragte mich hämisch: „Na, was macht deine Zukunft? Sieht sie rosig aus? Hast du dich schon gefunden? Und übrigens, Toni will bei mir bleiben!" Das schlug ein wie eine Bombe! „Was hast du gerade gesagt?", zischte ich ihn an. „Naja, ich habe ihm erklärt, dass du ihm nichts bieten kannst! Und da fiel ihm die Entscheidung nicht schwer.", sagte er mit einem gehässigen Unterton, grinste mich an und ließ mich einfach stehen.

Nach langem Überlegen fasste ich mir ein Herz und suchte mir eine Therapeutin, da ich mit der ganzen Situation total überfordert war. Peter und ich redeten kaum noch miteinander und nachts kam ich nicht zur Ruhe, da meine Gedanken nur um Roland kreisten. Ich fühlte mich wie ein Häufchen Elend und war saft- und kraftlos. Peter zog Toni immer mehr auf seine Seite; kaufte ihm Dinge, die er sich schon so lange gewünscht hatte, und er nahm sich auch die Zeit, mit ihm zum Fußballtraining zu gehen.

Von meinen Eltern hörte ich nur: „Wir haben doch immer gewusst, dass Peter nicht der Richtige für dich ist. Jetzt siehst du mal sein wahres Gesicht!"

Die einzige Stütze in der schweren Zeit war meine Therapeutin. Ich hatte zwar das Thema „Roland" angesprochen, aber sie wehrte es sofort ab: „Er ist verheiratet und will es auch bleiben. Das hat er Ihnen unmissverständlich gesagt. Vergessen Sie diesen Mann und kümmern Sie sich erstmal um eine Arbeitsstelle und eine Wohnung, das hat jetzt Priorität!" Ich entschied mich deshalb bewusst, all meine Kraft auf mich zu konzentrieren. Es war schwer, Roland aus meinen Gedanken zu verbannen. Aber es gelang mir nach und nach immer besser.

Über Monate hinweg hatte ich mir verschiedene kleine Wohnungen angeschaut, bis ich endlich eine passende, bezahlbare Bleibe für mich gefunden hatte. Die neue Vermieterin, eine ältere Dame, hatte mich sofort in ihr Herz geschlossen. Ich erzählte ihr von meiner Trennung und den Problemen mit dem Sorgerecht für Toni. Kurz nach Unterzeichnung des Mietvertrages rief sie mich an und bot mir eine dreiviertel Arbeitsstelle in ihrer Hausverwaltung an. Vor lauter Freude musste ich weinen und sie beruhigte mich mit den Worten: „Kindchen, Sie schaffen das! Sie sind eine starke Frau."

Da Peter mir beim Auszug nicht helfen wollte, stellte mir meine neue Arbeitgeberin, Frau Herrmanns, drei ihrer Handwerker kostenlos zur Verfügung. Ich nahm nur ein paar persönliche Dinge aus meinem Haus mit. Von meinem kleinen Notgroschen, den ich mir mühsam in den letzten Jahren zur Seite gelegt hatte, kaufte ich mir die fehlenden Möbel, Küchenutensilien und was ich sonst noch brauchte. Es lief zwar alles auf Sparflamme und dennoch war ich glücklich, endlich diesen Schritt gewagt zu haben.

Nach kurzer Einarbeitung ging mir die Arbeit gut von der Hand und meine Kollegen waren begeistert von meinem Engagement. Das Einzige, was mich unheimlich belastete, war die Situation mit Toni. Ich sah ihn regelmäßig alle 2 Wochen, meistens am Wochenende. Und wenn Peter nicht zum Fußballtraining mitgehen konnte, ging ich mit. Ich war froh, wenn das Training endlich vorbei war, denn Roland saß neben mir und sprach kein Wort. Ich brachte Toni nach Hause und fuhr in meine Wohnung; eine fürchterliche Situation für mich. Nächtelang lag ich weinend im Bett und kam morgens schwer raus. Hin und wieder kam ich zu spät zur Arbeit, und wenn Frau Herrmanns nicht so verständnisvoll gewesen wäre, hätte ich sicherlich meinen Job verloren.

Nach dem Trennungsjahr reichten Peter und ich die Scheidung ein. Peter hatte zwischenzeitlich eine neue Freundin, die sich bestens mit Toni verstand. Zuerst tat der Gedanke, dass Peter wieder seine kleine Familie hatte, unheimlich weh, aber letzten Endes wollte ich die Trennung und konnte durch die Therapie auch gut loslassen und mich weiter auf mein Leben konzentrieren.

Beruflich und finanziell ging es bergauf. In den kommenden Jahren übernahm ich zuerst die Vollzeitstelle meiner schwangeren Kollegin, denn sie wollte, nachdem das Kind da war, nicht wieder arbeiten gehen. Dann belegte ich mehrere Kurse im Bereich „Verwaltung von Immobilien" und letztendlich beantragte ich den Maklerschein. Die Arbeit machte mir sehr viel Freude und ich blühte immer mehr auf. Frau Herrmanns war sehr zufrieden mit mir und nahm mich bald auch zu Wohnungsbesichtigungen mit. Ich kümmerte mich um die neuen Mietverträge und musste mich auch mit dem Mietrecht auseinandersetzen. Oft saß ich abends noch stundenlang im Büro, und wenn es sehr spät wurde, dann rief mich Frau Herrmanns an und ich ging noch zu ihr hoch auf ein Gläschen Wein. Eines Tages eröffnete sie mir in einem Gespräch, dass sie sich immer mehr aus dem Geschäft zurückziehen wolle und vorhabe, mir noch weitere Aufgaben zu übertragen. Ich freute mich riesig über das Angebot und nahm es dankend an.

Ab jetzt musste ich Anzeigen schalten, Besichtigungstermine vereinbaren und war für die Vermietung der bezugsfertigen Wohnungen zuständig. Ich war sozusagen „Mädchen für alles" mit einem sehr guten Einkommen.

Einmal hatte ich eine Anzeige für eine 3-Zimmerwohnung aufgegeben und mehrere Besichtigungstermine vereinbart. Gerade als ich die Firma verlassen wollte, rief mir meine Kollegin noch hinterher: „Es kommt noch ein Interessent aber er wird nicht pünktlich da sein. Also hau´ nicht ab, sondern warte auf ihn." Ich nickte ihr zu und verschwand.

Die Wohnung war in einem sehr guten Zustand, jedoch wollte keiner der Interessenten sie wegen der hohen Mietkosten haben. Ich wartete noch ca. eine Stunde auf den letzten Bewerber und gerade, als ich gehen wollte, klingelte es an der Tür. Ich war ziemlich verdutzt, als Roland vor mir stand. Wir beide sahen uns an und keiner konnte ein Wort sagen. Es war für uns beide eine komische Situation.

„So spielt das Leben. Meine Frau und ich haben uns getrennt und ich überlasse ihr erstmal unser Haus. Ich brauche so schnell wie möglich eine Wohnung! Ist sie noch zu haben?", sagte er und sah mich fragend an. „Komm erstmal rein und schau sie dir an. Ich persönlich finde sie sehr schön, aber die Miete ist schon ziemlich hoch,", antwortete ich und fing an mit dem Rundgang. Ich versuchte, ruhig und professionell zu sein, merkte jedoch, dass ich innerlich ziemlich aufgewühlt war. Roland gefiel die Wohnung und er sagte: „Dann würde ich sie gerne zum nächsten freien Termin nehmen. Machst du den Mietvertrag fertig? Ich habe einige Unterlagen mitgebracht; schau sie dir an und melde dich, wenn du noch etwas benötigst." Ich nickte und wollte mich verabschieden. Roland nahm vorsichtig meine Hand und schaute mich an: „Magst du mit mir noch ein Glas Wein trinken gehen? Gleich um die Ecke ist eine Weinstube und ich würde mich sehr freuen, wenn du mitkommst." Zögerlich stimmte ich zu.

Wir verließen gemeinsam die Wohnung und verbrachten den Abend zusammen. Er erzählte mir das erste Mal sehr ausführlich von seiner Ehe und wie unglücklich er in den letzten Jahren gewesen war: „Unsere Ehe bestand nur noch auf dem Papier, sexuell lief schon seit Jahren nichts mehr. Jeder hat sein Leben gelebt und nur wegen der Firma und des Geldes wegen wollten wir uns nicht trennen. Wir haben für die Familie und Freunde nur nach Außen den Schein gewahrt, aber zu Hause war meistens Funkstille. Insgeheim habe ich dich für deine mutigen Schritte bewundert. Aber der Druck von meinen Eltern war sehr groß, und ich hatte immer das Gefühl, dass ich es ihnen recht machen muss. Ich konnte und wollte mit niemandem darüber reden. Erst als ich dich das erste Mal auf dem Fußballplatz sah, spürte ich, dass ich wirklich unglücklich in meiner Beziehung war. Deine leuchtenden, wunderschönen Augen fielen mir sofort auf und ich spürte, dass es noch mehr gab, als das, was ich lebte. Meine Frau und ich haben uns geeinigt, dass Paul erstmal bei ihr bleibt. Ich gehe weiterhin mit ihm zum Fußballtraining und sehe ihn regelmäßig. Ich hoffe, dass wir alles gut und ruhig klären können." Ich saß nur da und hörte ihm zu. Die Zeit verging unheimlich schnell und zum Abschied fragte er mich, ob wir uns wiedersehen könnten. Ich willigte ein, obwohl ich wusste, dass ich zurzeit beruflich sehr eingespannt war.

In den kommenden Wochen unternahmen wir sehr viel gemeinsam und verstanden uns blendend. Wenn Roland sich mehrere Tage nicht meldete, kam bei mir jedoch die Angst hoch, dass er doch wieder zu seiner Frau zurückgehen könnte. Ich versuchte aber ruhig zu bleiben. Meine Kollegin, mit der ich mich im Laufe der Zeit angefreundet hatte, schenkte mir zum Geburtstag das Buch „Dualseelen & die Liebe", denn ich hatte ihr von Roland und mir erzählt. Ich war total überrascht, als ich das Buch las. Es beschrieb unsere Situation zu 100%. Ich holte mir also Unterstützung bei den beiden für meine letzten Schritte.

Nun verstand ich auch, warum Roland sich damals so kalt von mir distanziert hatte und jedes Gespräch abblockte. Als typischer Gefühlsklärer konnte er nicht anders handeln. Erst durch unsere Trennung war er in der Lage, seine Vergangenheit aufzuarbeiten und sich nach und nach über seine Gefühle zu mir klar zu werden. Ich hatte in dieser Zeit – durch meinen Job und meine Therapie - gelernt, auf mich zu schauen, meine Ängste in den Griff zu bekommen und meine innere Stärke zu erkennen. So haben wir uns im Grunde genommen zu zwei neuen Menschen entwickelt.

Die letzten Monate waren noch ziemlich holprig, denn Rolands Scheidung hatte ihn sehr belastet, und ich gab ihm die Zeit, die er für sich brauchte. Conny und Ricarda halfen mir und dadurch natürlich auch uns dabei, unsere recht frische Beziehung zu stabilisieren. Wir sind jetzt seit über einem Jahr fest zusammen und haben uns vorgenommen, zum neuen Jahr eine gemeinsame Wohnung zu mieten. Denn unsere Beziehung ist mittlerweile so stark und tief, dass wir beide spüren, dass uns nichts mehr auseinanderbringen kann.

Eine Geschichte am Arbeitsplatz

Die Geschichte von Sabine & Markus

Ich, Sabine, war mit meinem derzeitigen Job unzufrieden, denn ich hatte nach meiner Bürolehre so viele Weiterbildungskurse besucht, konnte aber mein angeeignetes Wissen in meiner derzeitigen Firma nicht wirklich anwenden. Meine Freundin Susanne gab mir eine Zeitung, in der eine Stellenausschreibung war, dass ein großes Unternehmen in unserer Stadt eine Assistentin der Geschäftsleitung suchte. Ich traute meinen Augen nicht! Alles, was von der neuen Mitarbeiterin verlangt wird, konnte ich leisten. Und das Schönste war, in dieser Firma hatte ich während meines letzten Schuljahres ein Praktikum absolviert. Während meiner Praktikantenzeit hatte ich hauptsächlich mit dem Firmeninhaber, Herrn Westermann, super zusammengearbeitet. Er war ein sehr freundlicher Arbeitgeber und hatte mich immer scherzhaft „Fräulein Fleißig" genannt. Ich schrieb also meine Bewerbung und schickte sie mit ein paar persönlichen Zeilen direkt an ihn.

Ein paar Tage später erhielt ich eine Einladung zum Vorstellungsgespräch. Ich wollte ihm berichten, was ich beruflich in der Vergangenheit alles gemacht habe. „Nein, das möchte ich gar nicht wissen! Sie sind mir so positiv in Erinnerung geblieben, dass ich keine Zeugnisse und Urkunden von Ihnen brauche, Fräulein Fleißig!", sagte er und wir beide mussten herzhaft lachen. Ich verabschiedete mich von ihm und beim Verlassen seines Büros sagte er: „Ich freue mich auf die Zusammenarbeit mit Ihnen. Allerdings werden Sie nicht für mich, sondern für unseren neuen Abteilungsdirektor arbeiten. Sie beide fangen zum 1. April bei uns an!" Ich freute mich wahnsinnig und verabschiedete mich mit den Worten: „Ich werde mein Bestes geben! Sie, und natürlich auch der neue Abteilungsdirektor, können sich auf mich verlassen!" Gleich nach dem Vorstellungsgespräch rief ich ganz aufgeregt meine Freundin Susanne an. Sie kam abends mit einer Flasche Sekt vorbei und wir stießen auf meinen neuen Arbeitsvertrag an.

Die letzten Tage in meiner alten Firma wollten einfach nicht vergehen. Ich ging nur widerwillig zur Arbeit und war froh, als ich am letzten Tag meinen Arbeitsplatz an meine Nachfolgerin übergeben konnte. „Schluss - aus - Ende! Jetzt fängt etwas unbeschreiblich Tolles an, denn endlich kann ich zeigen, was ich wirklich draufhabe!", dachte ich.

Fein gestriegelt, wie es sich für eine Assistentin der Geschäftsleitung gehört, erschien ich am 1. April an meinem neuen Arbeitsplatz. Herr Westermann rief mich an und bat noch ein wenig um Geduld, denn mein neuer Vorgesetzter sei noch bei ihm und er würde sich um ca. 30 Minuten verspäten. „Kein Ding.", dachte ich und organisierte mir erstmal einen Kaffee. Ich wartete über eine Stunde und kam mir ohne Arbeit ein wenig blöd vor. Endlich erschien mein neuer Vorgesetzter in meinem Büro. Er war ziemlich groß, hatte einen sehr eleganten Anzug an und er strahlte eine gewisse Autorität aus. Mein Herz klopfte bis zum Hals! „Er ist dein neuer Kollege, Sabine! Schön ruhig bleiben, denn auf diesen Typ Mann bist du schon einige Male reingefallen!", ging es mir blitzartig durch den Kopf! Er empfing mich mit den Worten: „Die Pause können Sie heute vergessen, denn Sie sitzen ja schon über eine Stunde untätig im Büro herum und starren die Wände an!" Obwohl ich nicht auf den Kopf gefallen bin, fiel mir einfach nichts ein! Was für ein Empfang! Ich fühlte mich wie ein kleines Schulmädchen, das vom Lehrer getadelt wurde.

Er ging, ohne sich vorzustellen, in sein Büro. Ich fragte ihn, ob er einen Kaffee haben möchte und er antwortete: „Wenn ich etwas brauche, dann gebe ich Ihnen Bescheid! Kommen Sie in mein Büro und bitte schließen Sie die Tür, damit wir ungestört sprechen können." Ich nahm Platz auf dem Stuhl vor seinem Schreibtisch und wartete erstmal ab. „Dann wollen wir mal loslegen", kam von ihm. Ich ergriff das Wort: „Mein Name ist Sabine Schubert und darf ich Ihren Namen erfahren?" Er schaute mich ungläubig an und erwiderte: „Ach, ich dachte Sie kennen ihn schon. Mein Name ist Markus Wegener! Für Sie, Herr Wegener'!" „Na, das fängt ja gut an.", dröhnte es in meinem Kopf. Wir besprachen mein Aufgabengebiet und er sagte noch, als ich sein Büro verließ: „Jetzt zeigen Sie mal, was Sie können! Wie ich gehört habe, sollen Sie ja eine fleißige Mitarbeiterin sein! Ich hoffe, dass Sie mich nicht enttäuschen!" Ich schloss die Tür und verzog mich auf die Damentoilette. Mir war richtig übel, wollte mir aber in seinem Beisein nichts anmerken lassen. Was für ein arroganter Schnösel!

Abends rief ich Susanne an und berichtete von meinem ersten Arbeitstag. Sie erwiderte nur: „Mädel, du weißt, was du kannst! Zeig es ihm!" Ich verbrachte den Abend mit Schokolade auf meinem Sofa, um mich vom ersten Schock zu erholen.

Was dann folgte, waren Wochen und Monate mit Stress und Überstunden. Nichts konnte ich ihm recht machen. Ständig korrigierte er meine Briefe und kritisierte meinen Schreibstil. Ich war am Verzweifeln. Herr Westermann, der Firmeninhaber, bat mich um ein Gespräch und ich musste mir anhören, dass Herr Wegener der Meinung sei, dass ich für die Assistentenstelle nicht kompetent genug wäre. Er hätte mehr von mir erwartet.

Von dem Zeitpunkt an ging ich nicht mehr gerne zur Arbeit und spielte schon mit dem Gedanken, mir eine neue Arbeitsstelle zu suchen. Aber das Weihnachtsgeschäft stand an und ich wollte nicht so schnell aufgeben.

Wir hatten kurz vor den Feiertagen von der Geschäftsleitung eine Einladung zum Weihnachtsumtrunk erhalten und ich freute mich drauf, mit Kollegen aus anderen Abteilungen zu plauschen. Ich stand in der Eingangstür zum großen Konferenzraum mit einem Glühwein in der Hand, als Herr Wegener plötzlich neben mir stand, mich verschmitzt angrinste und sagte: „Trinken Sie nicht so viel Alkohol und naschen Sie nicht so viel Lebkuchen, das bringt Kilos auf die Waage, die Sie schwer wieder loswerden!" Völlig verdutzt schaute ich ihn an und plötzlich wurden meine Knie weich und meine Hände fingen an zu zittern! „Der sieht ja nicht nur gut aus, der hat ja auch Humor", dachte ich und erwiderte nichts! Er blieb neben mir stehen und als ich meinen Glühwein ausgetrunken hatte, holte er zwei neue für uns! Und dann noch einen und noch einen...

Herr Wegener, auch schon leicht angetrunken, duzte mich auf einmal und sagte: „Ich bin übrigens der Markus! Ich finde, wir sollten das „Sie" gegen „Du" austauschen. Ist das o.k. für dich?" Ich nickte nur! „Auch wenn ich das nicht gerne zugeben mag, du bist eine super Assistentin! Ich hatte schon so einige, aber keine hat das Arbeitspensum geschafft, was du schaffst!" Ich glaubte nicht, was ich da hörte! Markus wurde immer gesprächiger! „Wir sollten jeden Tag Glühwein auf Arbeit trinken, dann wäre die Stimmung besser und wir hätten auch mehr Spaß", säuselte er und mir fiel nur ein: „Das wäre wohl nicht im Sinne der Geschäftsleitung!" Aber ich spürte, dass mein Herz bereits Feuer gefangen hatte, denn mir war total wackelig in den Knien, und zwar nicht nur wegen des Alkohols.

Das Beisammensein ging dem Ende zu und da wir beide zu viel getrunken hatten, machte Markus den Vorschlag: „Wir können uns doch ein Taxi teilen. Wenn ich von der Arbeit nach Hause fahre, dann komme ich an deiner Wohnung vorbei. Also... ein Taxi? Was sagst du zu meinem Vorschlag?" Ich nickte nur mit dem Kopf, denn ich kriegte keinen Ton raus; auch wunderte ich mich, dass er wusste, wo ich wohnte.

Als der Taxifahrer vor meiner Haustür stehen blieb, zahlte Markus und stieg mit mir aus! „Jetzt trinken wir noch einen

Kaffee bei dir und dann zisch ich ab in Richtung Heimat!" Aus dem Kaffee wurde nichts, denn wir landeten im Bett! Was für ein Sex! Ich glaube, das war der leidenschaftlichste Sex, den ich bisher erlebt hatte!

An nächsten Morgen wachte ich viel zu spät allein in meinem Bett auf. „Oh mein Gott! Du musst in 30 Minuten auf Arbeit sein", dröhnte es in meinem schweren Schädel! Von Markus keine Spur! Ich sprang unter die kalte Dusche, rein in die Klamotten und ab ging´s. Als ich mein Büro betrat, stand Markus schon da und wartete auf mich. Ich begrüßte ihn mit einem Lächeln.

„Sie sind 30 Minuten zu spät, also bleiben Sie heute etwas länger als sonst!", brummte er. Ich hörte nur „Sie" und mir blieb alles im Hals stecken. Er zischte: „Das war gestern Abend ein Ausrutscher! Ich möchte darüber nicht mehr nachdenken geschweige denn sprechen! Ist das klar?" Ich drehte mich weg, denn ich konnte meine Tränen nicht mehr unterdrücken.

Die kommenden Monate waren der reinste Alptraum für mich! Immer wieder musste ich an die wunderschöne Nacht mit Markus denken! Er konnte so lieb und zärtlich sein! Auf Arbeit zeigte er seine andere, arrogante Seite. Mir unterliefen immer mehr Fehler und ich wurde ständig von ihm kritisiert! „Ich wusste doch, dass Sie überfordert sind!" musste ich mir zigmal anhören. Ich zweifelte schon selber an mir, denn meine Konzentration, was die Arbeit betraf, war auf dem Null-Punkt angekommen.

Nachts kam ich nicht zur Ruhe, denn Markus war ständig in meinem Kopf. Es war wie verhext, denn ich kriegte ihn nicht mehr aus meinen Gedanken. Teilweise lag ich bis tief in die Nacht grübelnd in meinem Bett und morgens war ich hundemüde, da mir der Schlaf fehlte.

Irgendwann, Monate später, rief mich Markus mitten in der Nacht angetrunken an. „Du bist so eine tolle Frau! So etwas wie dich, habe ich gar nicht verdient!", schmeichelte er. Ich wusste gar nicht, wie ich darauf reagieren sollte, denn ich fühlte mich wie kalt und heiß gebadet. Auf der Arbeit verhielt er sich mir gegenüber fast herablassend und jetzt das! Bevor ich etwas sagen konnte, klingelte es auch schon an der Tür. Es war Markus! Und ein Blick seine Augen genügte und es war schon wieder um mich geschehen. Wir landeten natürlich im Bett und es war wieder genauso leidenschaftlich wie beim ersten Mal.

Am nächsten Morgen kam mir Markus im Eingangsbereich unserer Firma entgegen und er schaute beschämt weg. Ich war total verwirrt, tat dann aber auch so, als ob ich ihn nicht gesehen hätte, und später im Büro war er genauso kalt und arrogant wie eh und je; die letzte Nacht hatte überhaupt nichts verändert. Es blieb alles beim Alten.

„So kann es nicht weitergehen", sagte Susanne, die kopfschüttelnd auf meinem Sofa saß, „Such´ dir eine andere Arbeitsstelle, sonst landest du noch beim Psychotherapeuten! Lass dich nicht von so einem Idioten fertigmachen!"

Ich studierte über Monate hinweg Stellenangebote, aber es war nichts Passendes für mich dabei. Und ich wollte unter keinen

Umständen wieder als Sekretärin in einem kleinen Betrieb anfangen. Zwischen mir und Markus änderte sich derweil absolut nichts!

Während der Arbeit war Markus unnahbar und teilweise eiskalt und mied mich, wo er nur konnte. Und wenn er was getrunken hatte und mich spät abends oder nachts anrief, war er zuckersüß und zeigte sich von der liebevollen Seite. Dieses dauernde Hin und Her zwischen Nähe und Distanz kratze an meinen Nerven. Susanne wollte mit mir auch nicht mehr darüber sprechen, denn sie konnte es einfach nicht mehr hören. „Du bist ja nur noch ein Häufchen Elend. Mach was du willst, aber ich kann dein Gejammer bald nicht mehr ertragen. Such dir Hilfe; du bist ja total abhängig von diesem Mann!", maulte sie, wenn ich mal wieder mein Herz bei ihr ausschütten wollte.

Ich recherchierte im Internet, warum ich von Markus einfach nicht loskam und landete auf der Seite „Karmische-Liebe.de". Ich war so fasziniert von dem, was ich las, und bestellte mir gleich alle drei Bücher. Das erste habe ich in einer Nacht verschlungen! Ich hatte das Gefühl, dass das Buch nur für uns geschrieben wurde, denn ich fand uns auf jeder einzelnen Seite wieder. Endlich hatte ich etwas in Händen, das mir eine Erklärung gab, was hier mit mir und Markus geschah. Ich entschloss mich, mit den Büchern an mir und unserer Dualseelenverbindung zu arbeiten, denn so konnte es auf Dauer ja nicht weitergehen. Unter anderem machten mir die Bücher klar, dass es in dieser besonderen Beziehung auch um mich und meine Bedürfnisse geht. Ich erinnerte mich unter anderem daran, dass ich nie nur Assistentin der Geschäftsleitung bleiben wollte und meldete mich deshalb zu Weiterbildungskursen an, denn ich wollte mehr, als nur Briefe schreiben und Statistiken auswerten. Susanne verstand die Welt nicht mehr: „Das machst du doch nur, um Markus etwas zu beweisen!" „Nein, es geht einzig und allein um mich!" erwiderte ich und genauso meinte ich es auch.

Monate später vereinbarte ich mit der Sekretärin von Herrn Westermann einen Termin. Er war total überrascht, dass ich zusätzlich zu meiner Arbeit noch Wochenendseminare mit großem Erfolg absolviert hatte. „Ich möchte mich für die Abteilungsleiter-Position in unserer neu eingerichteten technischen Abteilung zum 1. Oktober bewerben. Habe ich eine Chance oder reichen meine Qualifikationen nicht aus?", fragte ich ihn. „Selbstverständlich können Sie sich bewerben,", entgegnete er, „aber das, was ich Ihnen jetzt sage, sage ich Ihnen im Vertrauen, weil es noch nicht ganz spruchreif ist: Wir werden die Position von Herrn Wegener neu besetzen und ich hatte Sie unserem Personalleiter für seine Position vorgeschlagen. Können Sie sich vorstellen, dieses Aufgabengebiet zu übernehmen?" „Herr Wegener verlässt die Firma?", fragte ich völlig überrascht. „Er wird gehen müssen, denn er ist uns nicht flexibel genug und die Zusammenarbeit mit ihm hat sich als sehr schwierig erwiesen. Wir brauchen einen Menschen mit Herz UND Verstand und da sind Sie mir als Erste eingefallen.", kam als Antwort. Ich schwebte wie auf Wolken in mein Büro, denn ich hatte natürlich „ja" gesagt. Ab dem Moment flutschte auch wieder die Arbeit! Abends gingen Susanne und ich Essen und stießen auf meine Beförderung an.

Das Gespräch mit Herrn Westermann war erst ein paar Tage her, als Markus plötzlich in mein Büro stürmte und mich anschrie: „Das haben Sie ja toll hinbekommen. Hinter meinem Rücken an meinem Stuhlbein sägen, das ist ja das Letzte!" Ich erwiderte nur kurz: „Das haben Sie ganz alleine zu verantworten!", und ließ ihn einfach stehen. Ich hatte es einfach nach all der Zeit satt, mich von ihm so anfahren zu lassen. Ich war ihm keine Erklärung schuldig, denn er hatte mich in der Vergangenheit auch so oft ohne ein Wort stehen lassen. Es fühlte sich für mich so gut an, endlich wieder für mich einzustehen und mich nicht mehr wie ein kleines Dummerchen behandeln zu lassen, das er nach Belieben nachts betrunken anrufen und tagsüber behandeln konnte, wie er wollte.

Die letzten Arbeitstage mit Markus waren der blanke Horror. Als der Personalleiter mich im Konferenzraum sah, kam er auf mich zu und legte die Hand auf meine Schulter: „Kommen Sie in der Mittagspause kurz zu mir, denn Sie müssen noch ihren neuen Arbeitsvertrag unterschreiben. Und nach der Pause wird Herr Wegener nicht mehr da sein. Ihm wurde fristlos gekündigt und für die Zeit, die er noch arbeiten müsste, wurde er freigestellt!" In meinem Kopf hämmerte es: Gott sei Dank! Der Spuk hat endlich ein Ende!

Die folgenden Monate waren ziemlich anstrengend für mich, denn das neue Aufgabengebiet war schon eine Herausforderung. Meine erste Sekretärin, Frau Stemmler, war eine aufgeweckte, herzliche Mitarbeiterin mit trockenem Humor. Wir verstanden uns prächtig, lachten viel und arbeiteten Hand in Hand. Die Arbeit machte wieder richtig

Spaß und ich bekam positives Feedback von der Geschäftsleitung.

Auch hatte ich das Gefühl, dass Markus immer unwichtiger wurde, denn mir fehlte einfach die Zeit, über ihn und die Vergangenheit nachzudenken. Meine Freundin Susanne war überglücklich, denn trotz der vielen Überstunden trafen wir uns wieder abends auf ein Glas Wein, gingen ins Kino oder machten es uns bei ihr oder bei mir auf der Coach gemütlich und plauschten über Gott und die Welt; Markus war als Gesprächsthema out! „Endlich habe ich meine alte Sabine wieder!", sagte Susanne. Und es freute mich, dass Susanne auch in meiner schlimmsten Zeit zu mir gehalten und mich ständig ermutigt hatte, wieder aufzustehen und weiterzumachen. Aber auch die Bücher von Ricarda und Conny hielten mich bei der Stange.

Nach Markus' Ausscheiden aus der Firma waren nun schon über 5 Jahre vergangen und ich hatte nichts mehr von ihm gehört. Manchmal war er in meinen Gedanken, aber ich schob sie sofort wieder raus! Nie wieder leiden, das hatte ich mir geschworen!

Susanne und ich waren gerade dabei, meine Wohnung zu renovieren, als es an meiner Haustür läutete. „Der Pizzaservice ist aber schnell! Hast du mein Portmonee gesehen?", fragte mich Susanne. Ich griff in meine Hosentasche und holte 50 Euro raus. „Nimm das Geld, die Rechnung geht auf mich!", sagte ich. Susanne öffnete die Tür und stand sofort wieder in meinem Wohnzimmer: „Bleib schön ruhig Sabine, Markus steht vor der Tür." Vor lauter Schreck fiel mir die Farbrolle aus der Hand!

„Ich will ihn nicht sehen", zischte ich, „sag ihm, dass ich nicht zu Hause bin!" Noch bevor Susanne sich Richtung Haustür in Bewegung setzen konnte, stand Markus in meinem Wohnzimmer und sagte: „Ich kann gut verstehen, dass du mich nicht sehen möchtest. Aber ich habe es einfach nicht mehr ausgehalten... ohne dich! Ich habe alles versucht, um dich zu vergessen, aber in den letzten Monaten warst du ständig in meinen Gedanken! Es war unerträglich für mich, denn ich konnte mich auf nichts mehr konzentrieren. Ich MUSS einfach mir dir reden!"

Susanne verzog sich ins Badezimmer, um sich umzuziehen. Als sie nach einer Weile wieder rauskam, verabschiedete sie sich: „Passt gut auf euch auf.", sagte sie und drücke mir zum Abschied noch eine Packung Tempos in die Hand. Sie grinste mich an und verschwand.

Markus und ich saßen bis in die Nacht hinein auf zwei Farbeimern und er redete ununterbrochen über seine Vergangenheit. Sein Vater sei ein Tyrann gewesen, der nur Disziplin und Erfolg im Kopf hatte. Nichts konnte er ihm recht machen, so sehr er sich auch anstrengte, es war nie genug. Es war nie das richtige Gehalt, nie die richtige Position, nie das richtige Auto, nie die richtige Frau! Alle anderen waren einfach besser als er! Für ihn war Schwäche ein Fremdwort! „Ich habe unermesslich gelitten, aber meine Mutter war immer auf der Seite meines Vaters, da sie zu Hause keinen Stress haben wollte. Aber ich schließe jetzt mit meiner Kindheit und mit den Dingen, die mir dort eingetrichtert wurden, ab! Ich will endlich das tun und lassen, was ich möchte! Ich will frei und ich selbst sein!"

Ich hörte nur zu, denn sagen konnte ich nichts! Markus redete einfach weiter: „Als ich dich das erste Mal in der Firma sah, spürte ich sofort, dass du mir emotional gefährlich werden könntest. Ich hatte aber auch Angst um meine Position und deshalb musste ich dich klein halten! Bitte verzeih mir, ich habe mich unmöglich dir gegenüber benommen! Mir ist klar geworden, dass ich dich brauche, denn du bist genau DIE Frau, die ich mir immer gewünscht habe! Bitte!"

Ich sagte: „Ich brauche Zeit, um das zu verdauen! Erwarte jetzt keine Antwort von mir, denn die kann ich dir nicht geben! Bitte fahre nach Hause, denn es ist schon sehr spät und ich muss morgen früh raus!"

Er nahm mich in den Arm, küsste meine Stirn und verabschiedete sich! „Darf ich mich bei dir wieder melden? Es muss ja nicht gleich morgen sein, denn ich möchte dich nicht drängen. Aber am kommenden Wochenende - ist das o.k. für dich?", fragt er. Ich nickte nur und stand wie angewurzelt zwischen Tapeziertisch, Farbeimern und abgedeckten Möbeln. Er drehte sich noch einmal um, warf mir einen Handkuss zu und ging. Ich weiß nicht, wie lange ich noch fassungslos in meinem Wohnzimmer stand. „Das hast du gerade nur geträumt!", dachte ich und schlich in mein Schlafzimmer.

Früh morgens rief mich Susanne völlig aufgeregt an: „Der sieht ja irre aus! Ein Prachtbursche ist das!" „Susanne, ich muss erstmal wach werden, denn ich habe nur ein paar Stunden geschlafen. Ich muss mich fertigmachen, denn die Arbeit ruft. Wir telefonieren heute Abend, o.k.?", wimmelte ich sie schnell ab und legte auf.

Abends erzählte ich Susanne, was in der letzten Nacht passiert ist! Sie sagte nur trocken: „Meine Kleine, bleib mal schön ruhig und warte ab, was jetzt passiert!" Und genau das tat ich - Abwarten und Tee trinken!

Markus meldete sich am kommenden Wochenende und wir verabredeten uns zum Essen. Und beim Essen blieb es auch! Es war ein wunderschöner Abend, an dem wir noch viel redeten. In der nächsten Zeit trafen wir uns immer häufiger und kamen uns auch näher. Er bemühte sich sehr um mich, aber ich blieb vorsichtig, wollte ich doch nie mehr das erleben, was ich mit ihm schon durchgemacht hatte. Trotzdem fasste ich in den kommenden Wochen immer mehr Vertrauen in ihn und gab meine Distanz langsam auf.

Es kam letztendlich zu dem Happy End, wie es im Buch „Dualseelen & die Liebe" beschrieben ist: Seit drei Jahren sind wir nun verheiratet und schweben immer noch auf Wolke 7. Wir sind glücklich und planen unser 1. Kind. Susanne hat sich schon als Patentante beworben. Sie sagte: „Ich habe deinetwegen, lieber Markus, so viel mit Sabine gelitten und gestritten, dass ihr meine Bewerbung nicht ausschlagen könnt!"

Und wenn unser erstes Kind da ist, wird Susanne natürlich Patentante.

Eine Geschichte unter Schwulen

Die Geschichte von Oliver & René

„Mir reicht´s!", waren seine letzten Worte und weg war er. Das war das Ende einer 2-monatigen Beziehung mit Jens. Ich, Oliver, hatte die Nase gestrichen voll von kurzen Bekanntschaften und nahm mir vor, erstmal alleine zu bleiben.

Ich stürzte mich in die Arbeit und unternahm kaum noch etwas. Die letzten Jahre sind an mir vorbei gerauscht, denn ich hatte mich einfach zu viel in meine Beziehungen eingebracht. Damit sollte jetzt Schluss sein. „Jetzt geht es erstmal nur um mich und um nichts Anderes!", hatte ich mir ganz fest vorgenommen.

Monatelang immer der gleiche Trott: arbeiten, einkaufen, Essen kochen und ab vor die Glotze. Auf lange Sicht konnte es so nicht weitergehen. Freunde riefen ständig an, um mich wieder ins Leben zu holen, aber ich hatte keine Lust, mir all die glücklichen Pärchen anzutun.

Mein Arbeitskollege Markus war immer gut gelaunt und als wir in unserer Raucherpause zusammenstanden, sagte er: „Ich chatte seit einiger Zeit mit einem taffen Kerl aus Ulm, sein Name ist Marcel. Wir wollen uns demnächst mal treffen und einfach nur plauschen und Spaß haben. Er ist gebunden, aber er sucht ein wenig Abwechslung. Und da ich auch nicht auf der Suche bin, habe ich beschlossen, mich darauf einzulassen, so lange, wie es für mich gut und richtig ist." Mit aufgerissenen Augen stand ich da und wusste nicht, was ich sagen sollte. „Das ist nicht Dein Ernst! Du hast mir nie erzählt, dass du im Internet unterwegs bist. Das ist nichts für mich. Das ist mir viel zu unpersönlich.", sagte ich, und wir gingen wieder an die Arbeit.

Den ganzen Abend dachte ich jedoch über Markus' Worte nach: Spaß haben ohne Verpflichtung. Vielleicht ist das doch eine gute Ablenkung, denn schließlich war Markus seit einiger Zeit immer gut drauf. Ich setzte mich an meinen Computer und googelte nach einschlägigen Gay-Portalen. Ich kam auf eine Seite, die sehr ansprechend aufgebaut war, und man konnte sich unangemeldet ein wenig umschauen. Ein Profil fiel mir besonders auf, denn es war humorvoll geschrieben und das Bild war sehr sexy. Ich speicherte die Seite unter Favoriten ab und fuhr meinen Rechner runter.

Als ich in meinem Bett lag, konnte ich nicht einschlafen. „Was hast Du zu verlieren – nichts!", ging es mir durch den Kopf. Also stand ich wieder auf und meldete mich auf dieser Seite an. Die ersten vier Wochen waren kostenlos und danach musste man eine einjährige Mitgliedschaft abschließen.

Am nächsten Tag berichtete ich Markus von meiner Aktion und er begrüßte meine Entscheidung. Als ich abends zu Hause war, loggte ich mich auf dem Portal ein, erstellte mein Profil mit einem ansprechenden Foto und während ich am Schreiben war, kamen auch schon die ersten Nachrichten; nette Begrüßungsmails und sehr eindeutige, die ich erstmal nur las und nicht beantwortete.

Gerade als ich mich ausloggen wollte, bekam ich eine Nachricht von dem Mann, dessen Profil mir besonders aufgefallen war. Er schrieb mir eine freundliche, eher neutrale Mail und wünschte mir viele neue Kontakte hier und bevor ich reagieren konnte, hatte er sich schon ausgeloggt. Ich bedankte mich für seine Nachricht und ging schlafen. „Das ist ja ein toller Typ - genau mein Beuteschema.", ging es mir durch den Kopf.

Am nächsten Tag berichtete ich Markus von den vielen Nachrichten, die ich bekommen hatte, und er erwiderte nur kurz: „Geh' die Sache ganz locker an, denn da sind auch viele Spinner unterwegs. Du wirst sicherlich viele Sex-Anfragen bekommen. Wenn du nicht darauf aus bist, dann lösche sie einfach; gar nicht erst antworten, denn sonst wirst du die Jungs nicht mehr los!"

Meine Abende füllten sich wieder mit Leben, denn es kam schon vor, dass ich mit drei Männern gleichzeitig chattete und ich musste mir eingestehen, dass es sogar Spaß machte. Sehnsüchtig wartete ich auf eine Nachricht von René, dem tollen Typen, aber es kam nichts. Ständig schaute ich, ob er online ist. Also schrieb ich ihm ganz unverbindlich nochmal eine Nachricht und wünschte ihm einen angenehmen Abend.

Ein paar Tage später kam endlich eine Antwort von ihm, mit der Frage, ob ich Lust auf einen Chat hätte. Mein Herz pochte wie verrückt und meine Hände zitterten beim Schreiben der Chat-Nachrichten! Es hat richtig Spaß gemacht, mit ihm zu schreiben, und am Ende fragte ich ihn, ob wir das am nächsten Tag wiederholen könnten. Das taten wir. Die nächsten Abende waren einfach toll. Wir chatteten, tauschten uns viel aus und verstanden uns prächtig. Ich schrieb ihm zuletzt: „Hey, schlaf jetzt schön. Ich muss so langsam ins Bett... bis morgen." Und ohne mir zu antworten, war er auf einmal weg. „Habe ich etwas Falsches geschrieben? War ich zu direkt? Warum hat er mich einfach im Regen stehen lassen?", ging es mir durch den Kopf, denn ich war mir keiner Schuld bewusst. Und ab dem Tag reagierte er nicht mehr...

Jeden Abend chattete ich mit unterschiedlichen Typen; es war zwar unterhaltsam, aber insgeheim schaute ich ständig, ob René online war oder nicht. Und wenn er online war, schrieb ich ihn an und bekam meistens keine Antwort. Das machte mich schon ganz verrückt und bei der nächstbesten Gelegenheit fasste ich allen Mut zusammen und sprach mit meinem Kollegen Markus über die ganze Situation mit René. „Hey Olli, bleib mal ganz cool! Ich antworte auch nicht auf jede Nachricht. Wenn dein René keine Lust auf Schreiben hat, dann ist das so. Ich habe dir doch gesagt, es soll Spaß machen. Auf Druck oder Beziehung habe ich auch keine Lust, denn den Stress habe ich schon auf Arbeit und den brauche ich nicht noch privat. Es geht auf dem Portal um Spaß und nicht um Liebe oder feste Beziehung. Wenn du wieder etwas Festes haben möchtest, dann bist du wahrscheinlich auf dem falschen Portal unterwegs.", war sein Kommentar.

Warum konnte es Markus so leichtnehmen und bei mir fühlte es sich so schwer an. Immer, wenn ich mir Renés Profilbilder anschaute, und das machte ich ständig, war ich nervös und unruhig und mein Herz pochte, denn wenn er online war und sich nicht meldete, stieg in mir die Eifersucht hoch. Der Gedanke, dass er mit anderen Männern schrieb, machte mich fix und fertig. Stundenlang blieb ich angemeldet, um zu schauen, wie lange René mit anderen Kerlen chattet oder sogar flirtete.

Morgens ging ich unausgeschlafen zur Arbeit, tat nur das, was ich unbedingt erledigen musste, und nach der Arbeit flitzte ich nach Hause und saß stundenlang vor dem Rechner und beobachtete Renés Profil. Online – offline – online – offline - so ging es den ganzen Abend. Meistens blieb ich bis in die Nacht hinein vor dem Rechner sitzen und wenn ich im Bett lag, konnte ich nicht einschlafen.

„Was ist bloß los mit dir? Du kennst ihn nicht mal persönlich! Warum beschäftigt dich dieser Kerl den ganzen Tag? Warum schaust du dir mir immer wieder das Profilbild an? Warum kriegst du seine seine dunkelbraunen Augen nicht aus dem Kopf? Reiß dich mal zusammen!", hämmerte es in meinem Kopf und ich versuchte alles, um auf andere Gedanken zu kommen. Vergebens...

Mehrere Wochen hatte ich nichts mehr von René gehört, als ich plötzlich wieder eine Nachricht von ihm bekam: „Ich habe Lust auf ein Treffen, Gruß, René." Ich traute meinen Augen nicht! Wahnsinn! Ich freute mich riesig und machte sofort Vorschläge, wann und wo wir uns sehen könnten. Zwei Tage später kam nur ein kurzes „O.k., nächsten Mittwoch 19 Uhr, vor dem Hotel ‚Luisenhof‘.“

Am kommenden Mittwochabend stand ich über eine Stunde wartend vor dem Hotel. „Sicherlich ist etwas passiert. Vielleicht hatte er einen Autounfall? Vielleicht habe ich mich in der Uhrzeit geirrt?“, ging es mir durch den Kopf. Um 21 Uhr machte ich mich schweren Herzens auf den Heimweg. Ich war traurig und enttäuscht. Denn wer nicht gekommen war, war René.

Zu Hause angekommen loggte ich mich gleich auf unserer Seite ein und siehe da, Rene´ war online. In mir stieg eine Wut hoch: „Mich versetzt er und mit anderen Kerlen kann er chatten.“ Zuerst überlegte ich kurz, nahm dann aber allen Mut zusammen und schrieb ihn an. Ich hatte Markus‘ Worte im Ohr: „Bleib schön locker!“ Also schrieb ich: „Hey, alles klar bei dir?“ Zurück kam: „Bei mir ist kurzfristig etwas dazwischengekommen. Und in der nächsten Zeit habe ich beruflich viel um die Ohren, so dass ich das Treffen erstmal nach hinten schieben muss.“ Mehr kam nicht von ihm - keine Entschuldigung! Ich war so enttäuscht, so abgekanzelt zu werden!

Es dauerte nicht lange und René machte wieder den Vorschlag, dass wir uns treffen könnten, jedoch ein paar Stunden vor dem Kennenlernen sagte er wieder ab. Dieses Spielchen wiederholte sich etliche Male. Ich war verzweifelt, traurig, wütend, himmelhochjauchzend und zu Tode betrübt. Es waren die schlimmsten Monate meines Lebens, denn meine Gefühlswelt war völlig aus den Fugen geraten.

Nach der letzten Absage reichte es mir. Ich lag im Bett und wälzte mich hin und her, stand dann aber wieder auf, um Dampf abzulassen, sonst wäre ich wohl geplatzt! Alles, was ich loswerden wollte, schrieb ich René in einer langen Mail und zurück kam... ein Smiley! Fassungslos starrte ich auf meinen Bildschirm. Ich konnte meine Tränen nicht mehr zurückhalten.

„Melde dich ab auf dem Portal, sonst drehst du noch durch. Was erwartest du denn von deinem René? Einen Heiratsantrag? Dass ich nicht lache!" Markus konnte sich das Grinsen nicht verkneifen und ließ mich einfach stehen.

„Ich muss etwas ändern, sonst lande ich noch in der Geschlossenen.", ging es mir durch den Kopf. Aus lauter Verzweiflung fing ich an, meine vernachlässigten Freunde anzurufen. Da ich mich über Monate völlig zurückgezogen hatte und mich auch nicht bei ihnen gemeldet hatte, auch wenn sie um einen Rückruf baten, ließen sie mich jetzt fallen wie eine heiße Kartoffel.

Markus zog sich auch immer mehr zurück. Wenn ich zur Raucherpause ging, musste er noch dringend etwas erledigen. Und wenn ich wieder anfing zu arbeiten, dann ging er rauchen. Eine Zeitlang dachte ich mir nichts dabei, doch nach mehreren Wochen sprach ich ihn direkt darauf an: „Du bist eine Klette und das nervt mich. Es dreht sich ja alles nur noch um René! Wir können über nichts Anderes mehr reden!", warf er mir an den Kopf! „Such dir einen anderen Blöden, den du vollquatschen kannst, mir ist das einfach zu viel!"

Und das tat ich auch. Ich habe nach langem Überlegen einen Termin bei einer Psychologin vereinbart, denn ich brauchte wirklich Hilfe. Anfänglich hatte ich noch Zweifel, ob das der richtige Weg sei, aber schon nach ein paar Wochen spürte ich, dass es mir besser ging.

Hin und wieder kamen Nachrichten von René und es fiel mir immer leichter, nicht sofort zu antworten. Ich war so mit mir beschäftigt, dass ich es sogar schon schaffte, mich nicht ständig auf dem Portal einzuloggen und sein Profil zu beobachten.

Von meiner Psychologin bekam ich für mein Thema „Abhängigkeit in der Liebe" einige Buchtipps. Denn in allen vorherigen Beziehungen gab ich immer alles und fing an zu klammern. Ich wollte um jeden Preis geliebt werden. In meiner Kindheit musste ich immer betteln, damit meine Eltern mich in den Arm nahmen. Oft lag ich abends weinend im Bett, nur um ein paar Streicheleinheiten von ihnen zu ergattern.

Den Lesestoff hatte ich mir bestellt und beim Stöbern bei einem großen Internet-Anbieter habe ich durch Zufall das Buch „Dualseelen & die Liebe" entdeckt. Ich las das Buch und nahm Kontakt mit Conny und Ricarda auf. Zuerst konnte ich nicht glauben, dass ich in so einer Dualseelengeschichte steckte, denn ich hatte ja noch keinen persönlichen Kontakt mit René gehabt. Aber als mir erklärt wurde, dass das nicht der Fall sein muss, wurde mir so einiges klar. Es ging bei mir um Selbstliebe, Grenzen setzen und Abhängigkeit! Ich las das Buch immer wieder und konnte einzelne Passagen schon auswendig. Ich arbeitete fleißig mit einer Affirmation, die ich von Conny und

Ricarda bekommen habe, obwohl mir der Anfang richtig schwerfiel.

Es ging mir zusehends immer besser und besser und zwischenzeitlich hatte ich mich schon von dem Internet-Portal abgemeldet. Manchmal schaute ich zwar noch nach René, weil er mir ab und zu trotzdem noch im Kopf herumschwirrte, aber ich konnte ihn schon sehr gut gedanklich beiseiteschieben.

Auf Anraten meiner Psychologin suchte ich mir außerdem eine Selbsthilfegruppe, die ich auch wöchentlich ganz konsequent besuchte. Und es entwickelten sich dort im Laufe der folgenden Monate neue Freundschaften mit Männern und auch mit Frauen. Das Thema René war mittlerweile völlig out. Ich war unendlich froh, wieder festen Boden unter den Füßen zu haben und das Verhältnis zu Markus hatte sich auch wieder normalisiert. Manchmal fragte er noch nach René, aber ich ging auf seine Frage nur ganz kurz ein. „Das Thema René hat sich für mich erledigt.", erwiderte ich und wechselte das Gesprächsthema. Markus und ich sind Arbeitskollegen und das Private bleibt für mich jetzt außen vor, denn das Abgrenzen gelang mir in der Zwischenzeit ganz gut.

Irgendwann war es so weit. Nach etwa 3 Jahren hatte ich mein Leben zurück. Ich hatte meine Lebensfreude wieder und die letzten Jahre voller Leid konnte ich endlich hinter mir lassen. Alles fühlte sich richtig gut an, denn ich unternahm sehr viel mit meinen Freunden, konnte aber genauso gut mit mir alleine sein. Aber ich hatte auch sehr viel an mir gearbeitet, dank der Hilfe von Conny, Ricarda und meiner Psychologin.

Weihnachten stand vor der Tür und ich hatte Lust, am 3. Adventsonntag zum Weihnachtsmarkt zu gehen. Ich trommelte ein paar Freunde zusammen und wir trafen uns vor einer Glühweinbude. Nach dem zweiten Pott stupste mich mein Kumpel Marcel an: „Sag mal, kennst du den Typen, der da hinten die Flaschen in den Kühlschrank stellt? Der beobachtet dich die ganze Zeit." Ich konnte es kaum fassen - es war René.

Ich wollte weg, einfach nur weg und machte den Vorschlag: „Ich habe Hunger. Wollen wir etwas Essen gehen? Vielleicht eine Bratwurst oder so?" Alle waren begeistert von meiner Idee, denn der Glühwein machte sich schon leicht bemerkbar. Ich hielt gerade meine Wurst in der Hand, als mir jemand die Hand auf meine Schulter legte. Als ich mich umdrehte, stand René hinter mir. „Können wir kurz sprechen?", fragte er mich, aber ich wollte nicht. Ich wollte mir den Abend nicht verderben lassen. Er steckte mir einen Zettel in meine Jackentasche und ging. Erstaunlicherweise hat mich das nicht sonderlich berührt. Ich konnte den Abend mit meiner Clique genießen und René gut aus meinen Gedanken schieben.

Zu Hause angekommen ging ich gleich schlafen. Am nächsten Morgen brummte von dem vielen Glühwein ein wenig mein Kopf und plötzlich dachte ich an den Zettel in meiner Jackentasche. René hatte mir seine Handy-Nummer zugesteckt, mit der Bitte um Rückruf. „Und jetzt? Was mache ich jetzt? Rufe ich ihn an oder nicht?", diese Fragen stellte ich mir den ganzen Tag. Auf der einen Seite wollte ich ihn anrufen, auf der anderen Seite aber nicht. Ich wusste, dass ich eines NICHT wieder wollte: leiden!

Einige Tage später nahm ich allen Mut zusammen und rief ihn abends an. Er hatte für einen Mann eine ungewohnt hohe Stimme, was mich erstmal ein wenig irritierte. „Lass uns treffen. Ich möchte dich kennenlernen - bitte. Hast du am kommenden Wochenende Zeit?", fragte er mich und zögerlich sagte ich zu.

Die Tage bis zum Wochenende vergingen wie im Flug, ich lenkte mich gut ab und konzentrierte mich nur auf mich. Ich verschwendete keine Gedanken an ihn und an das bevorstehende Treffen - ich ließ es einfach auf mich zukommen.

Er wollte sich wieder vor dem Hotel „Luisenhof" treffen, aber ich willigte nicht ein. „Entweder wir treffen uns im Café ‚Lindemann' oder wir lassen es.", war meine Antwort.

Wir trafen uns also um 17 Uhr im Café und ich war erstmal ein wenig geplättet. Er sah zwar so aus wie auf dem Foto, aber ich hatte das Gefühl, dass er um Jahre gealtert ist. Der Lack war sozusagen ab.

Wir kamen nur zögerlich ins Gespräch, da ich mich sehr zurückhielt. Er fing an zu reden, stockte dann, redete weiter und gelegentlich liefen ihm die Tränen die Wangen herunter. Zu seiner Familie hatte er komplett den Kontakt abgebrochen, da sie mit einem Schwulen nichts zu tun haben wollten, und die Männer, die er im Internet kennengelernt hatte, waren nur auf Sex aus und wollten keine feste Beziehung. Zuerst ließ er sich darauf ein, merkte dann aber doch, dass das nicht alles sein kann. Er sagte: „Ich habe mir so sehr eine feste Partnerschaft gewünscht, aber gleichzeitig Angst davor gehabt. Und bei dir habe ich gespürt, dass du mehr wolltest, mehr als ich bereit war zu geben."

Wir saßen drei Stunden im Café und er verabschiedete sich mit den Worten: „Ach übrigens, ich habe mein Profil gelöscht. Wenn du mich wiedersehen möchtest, würde ich mich sehr freuen." „Ich möchte dich auch gerne wiedersehen und gebe dir in den nächsten Tagen Bescheid, wann ich Zeit habe.", erwiderte ich und ging nach Hause. Es war ein sehr schöner Abend und ich war zufrieden mit mir, denn ich hatte - trotz des Treffens und den bei mir wieder aufkeimenden Gefühlen - nicht den Eindruck, dass ich wieder in alte Muster zurückfallen würde. Meine Grenzen standen. Und darauf war ich sehr stolz!

Zwei Tage später schickte ich René eine SMS: „Wenn es für dich passt, dann können wir uns am kommenden Freitag sehen, 18 Uhr?" Zurück kam: „Ich kann um 18 Uhr leider nicht, aber ab 19 Uhr würde es passen. Gleicher Ort?" Ich sagte zu.

Wir trafen uns wie verabredet und René erzählte mir, dass er freitags immer zur Therapie geht. Das Outing und die Probleme mit seinen Eltern haben ihm so zu schaffen gemacht, dass er vor ca. einem halben Jahr beschlossen hatte, sich einen Psychotherapeuten zu suchen. Und die Gespräche täten ihm unheimlich gut. Wir redeten viel über unsere Kindheit, vorherige Beziehungen und stellten fest, dass es da viele Parallelen gab.

In den kommenden Wochen wurde meine Geduld nochmal richtig auf die Probe gestellt. René hatte zwar beiläufig erwähnt, dass er noch etwas Zeit für sich braucht, aber manchmal brach meine Ungeduld wieder durch und ich musste mir ganz bewusst Markus' Worte vergegenwärtigen: „Schön locker bleiben."

Hin und wieder holte ich mir nochmal Rückendeckung von Conny und Ricarda, arbeitete wieder vermehrt mit der Affirmation und konnte dadurch auch gut bei mir bleiben.

Wir trafen uns manchmal regelmäßig, manchmal unregelmäßig und verbrachten gemeinsam wunderschöne Abende oder Wochenenden. Ich spürte, dass es René immer besser ging und er immer weniger Probleme hatte, Gefühle zuzulassen. Es hatte sich bereits eine schöne Beziehung zwischen uns entwickelt.

Nach ungefähr einem Jahr fragte er mich, ob ich mir vorstellen könne, mit ihm zusammenzuziehen. Ich nahm ihn in den Arm und mir liefen Freudentränen über meine Wangen. Nie hätte ich gedacht, dass aus uns mal ein Paar wird. Ganze 8 Jahre sind vergangen, vom ersten Kontakt bis heute. Es waren für mich und auch für ihn die schwersten Jahre unseres Lebens. Er hat mir oft erzählt, dass er genauso gelitten hat wie ich, nur konnte und wollte er es niemandem zeigen. Immer wurde von ihm Stärke gefordert. Und jetzt darf er das leben, wonach er sich immer gesehnt hat: Eine stabile, feste Beziehung, aufgebaut auf Respekt und Vertrauen.

In einer stillen Minute flüsterte er mir mal ins Ohr: „Deine Liebe trägt mich." Und in dem Moment war ich der glücklichste Mensch der Welt!

Eine Geschichte mit finanziellem Hintergrund

Die Geschichte von Anette & Ulrich

Fix und fertig von der langen Autofahrt schloss ich meine Wohnungstür auf und fiel erschöpft auf mein Sofa. Ich, Anette, war so froh, wieder zu Hause zu sein. Das schlechte Wetter in Salzburg hatte mir einen Strich durch meine Urlaubsplanung gemacht und ich bin nach einer Woche wieder in Richtung Heimat aufgebrochen. Fünf Jahre lang habe ich pausenlos gearbeitet, hatte mir keine freie Zeit gegönnt, denn ich war nur damit beschäftigt gewesen, meine Steuerberatungskanzlei aufzubauen und mir gute Mitarbeiter zu suchen. Ich hatte mir den Urlaub mehr als verdient und dann das!

In den kommenden Tagen verabredete ich mich mit einigen Freunden, damit ich wenigstens noch etwas Spaß in meinem Urlaub hatte. Meine Freundin Rita, ihr zweiter Name müsste Quasselstrippe sein, rief mich ständig an und wollte ununterbrochen etwas mit mir unternehmen. Ich ließ mich überreden, am Freitagabend mit ihr in die Sauna zu gehen. Wie vereinbart holte ich sie um 19 Uhr ab. Wochenende und Sauna passt für mich nicht wirklich zusammen, denn meistens war dann dort viel Betrieb und ich konnte mich nicht richtig entspannen.

Wir hatten schon zwei Saunagänge gemacht, lagen gerade im Ruheraum, da stupste mich Rita an und mit den Augen signalisierte sie mir: Schau mal zur Tür. Oh - was ich da von hinten sah, war nicht von schlechten Eltern. Als der Unbekannte sich umdrehte, sah ich sein Gesicht und mein Herz fing an zu pochen. Er ging an uns vorbei, legte sein Handtuch direkt neben uns auf eine Liege und schwamm dann mehrere Runden im großen Pool. Den Rest des Tages musste ich ihn immer beobachten, denn er hatte für mich das gewisse Etwas. Er war nicht der typische Schönling, aber irgendetwas reizte mich an ihm.

Wir wollten gerade in mein Auto einsteigen, da entdeckte ihn Rita auf dem Parkdeck. Er hatte wohl zur gleichen Zeit wie wir die Sauna verlassen und ich konnte nicht anders: Ich überredete Rita zu einer kleinen Detektiv-Tour, denn ich wollte wissen, wo der Typ wohnt. Wir warten, bis er losfuhr, und unauffällig folgten wir ihm bis zu seiner Wohnungstür, bis er dahinter verschwand.

Gut gelaunt fuhr ich Rita nach Hause und ihr ununterbrochenes Gerede, das mich manchmal ziemlich nervte, rauschte an mir vorbei, denn ich war mit den Gedanken bei „Mr. Unbekannt". Schon lange hatte ich nicht mehr dieses Kribbeln im Bauch gehabt, denn ich war seit mehreren Jahren Single. Oft bin ich abends ausgegangen, aber kein Mann hatte mein Herz berührt. Und deshalb war ich total happy, dass herztechnisch bei mir noch alles in Ordnung war und sich noch etwas regte. Von

Freunden wurde mir oft vorgeworfen, dass ich mich der Männerwelt gegenüber verschließe und nicht offen für eine neue Beziehung sei. Das jedoch widerlegte mir mein Gefühl nun eindeutig.

In den kommenden Wochen ging ich immer freitags in die Sauna, mal mit Rita, mal ohne Rita, und jedes Mal hoffte ich, ihn zu sehen. Das war aber leider nicht der Fall.

Mein Terminkalender platze aus allen Nähten und ich hatte meine Mitarbeiter veranlasst, mir nur noch wirklich wichtige Termine in meinen Kalender einzutragen. „Diesen Mandanten kenne ich nicht und ich bitte Sie, den für mich zu übernehmen!", sagte ich zu Frau Auer, meiner rechten Hand. Sie schaute mich an und erwiderte: „Er kommt auf Empfehlung von Herrn Wendt und möchte nur mit Ihnen sprechen", sie zuckte mit den Schultern. „Und er konnte leider erst ab 18.30 Uhr. Er war sehr nett am Telefon, aber auch sehr bestimmend. Ich konnte ihn nicht überreden, mit mir das Erstgespräch zu führen. Es tut mir sehr leid."

„Na toll!", dachte ich „den Abend kann ich auch vergessen." Ich hatte mir fest vorgenommen, nach 18 Uhr keine Termine mehr anzunehmen, damit ich abends wenigstens runterkommen kann. „In Ordnung", brachte ich hervor, „dann muss ich da wohl durch. Wenn ich Glück habe, bin ich um 21 Uhr zu Hause. Schauen wir mal."

Ich hatte das Gefühl, in einer Tretmühle zu stecken: Arbeiten, nach Hause, arbeiten, nach Hause, manchmal traf ich mich noch mit Freunden, aber größtenteils verliefen meine Tage und Wochen immer gleich.

„Der Tag war so stressig gewesen und jetzt noch der Spättermin; hoffentlich ist bald Feierabend!", ging es mir durch den Kopf, als Frau Auer hereinkam und sagte: „Ich gehe jetzt nach Hause. Der neue Mandant sitzt bereits im Wartezimmer. Kann er schon zu Ihnen kommen?" Ich bejahte ihre Frage und betrachtete noch kurz mein Spiegelbild. „Entspannt sieht anders aus.", dachte ich mir und sagte „Herein." Ich drehte mich um und in meinem Büro stand der Unbekannte aus der Sauna. Ich musste mich erstmal sammeln, denn aus mir kamen keine vollständigen Sätze raus. „Mein Name ist Ulrich Berger", er zögerte ein wenig und fragte dann: „Ist bei Ihnen alles in Ordnung? Geht es Ihnen gut oder brauchen Sie ein Glas Wasser?" „Alles ist gut!", antwortete ich und bat ihm einen Platz an. Meine Knie waren weich wie Pudding und ich war heilfroh, dass ich mich setzen konnte.

„Sie kommen auf Empfehlung von Herrn Wendt?" Nervös sammelte ich ein paar Schriftstücke zusammen und packte sie in eine Schreibtischschublade. Er grinste mich an und ich sah, wie er grübelte: „Ich habe Sie schon mal gesehen, aber wo?" Ich spürte, wie sich meine Gesichtsfarbe veränderte und log ihn an: „Das kann ich Ihnen leider nicht sagen! Ich habe Sie noch nie gesehen; jedenfalls nicht, dass ich wüsste." Alles in mir war in Aufruhr. „Sei professionell! Es ist ein Geschäftstermin.", ermahnte ich mich innerlich. Er saß da und ich spürte förmlich, wie sein Kopf arbeitete: „Ich komme noch drauf, glauben Sie mir, ich habe ein sehr gutes Gedächtnis."

„Herr Wendt schwärmt in höchsten Tönen von Ihnen und da mein Steuerberater die Kanzlei verkauft hat, habe ich beschlossen zu wechseln. Und da der erste Eindruck ja entscheidend ist, würde ich mich freuen, wenn wir zusammenarbeiten könnten. Dürfte ich einen Kaffee oder ein Glas Wasser haben?", fragte er. Ganz lässig saß er da und schaute mich erwartungsvoll an.

Ich holte ihm einen Kaffee und ein Glas Wasser, und als er mir das Glas abnahm, berührten sich unsere Hände. Meine Hand fing an zu zittern und ich konnte mich kaum auf den Beinen halten. Er schaute mir in die Augen - vielleicht ein wenig zu lang - und es lag etwas in der Luft, das ich nicht beschreiben konnte. Es knisterte förmlich zwischen uns...

Ich war heilfroh, als wir nach gut 2 Stunden alles Wichtige besprochen hatten und gemeinsam mein Büro verließen. Zur Verabschiedung sagte er: „Ich freue mich auf die Zusammenarbeit mit Ihnen. Und wer weiß, was daraus noch alles entstehen kann!" Er grinste mich an, drehte sich um und ging.

„Was war das denn?" Mit einem großen Fragezeichen im Kopf fuhr ich nach Hause und dieses Fragezeichen sollte noch lange in meinem Kopf bleiben...!

Ein paar Tage später gab ein Bote einen großen Karton mit Buchungsbelegen von Herrn Berger in meinem Büro ab. Obwohl ich mehrere Angestellte hatte, übernahm ich die Buchhaltung selbst. „Was für ein Chaos - auch finanziell betrachtet!", dachte ich beim Sortieren der Belege. Ich war mehrere Wochen fast nur mit seiner Firma beschäftigt. Das Chaos wollte einfach nicht enden.

Währenddessen rief Herr Berger immer mal wieder an, um sich zu erkundigen, ob alles gut liefe. Nach unseren Telefonaten war ich aufgedreht und kam nicht zur Ruhe. „Was ist bloß los mit mir? Warum fühle ich mich so klein, wenn ich mit ihm telefoniere? Warum muss ich immer an ihn denken? Warum wirft er mich so aus der Bahn?" Alles Fragen, auf die ich keine Antwort fand. Ich fühlte mich wie ein verliebtes 15-jähriges Schulmädchen und erkannte mich kaum wieder.

Eines Abends, nach einem langen Arbeitstag, verließ ich ziemlich erschöpft mein Büro. Gerade als ich in meinen Wagen einsteigen wollte, stand Herr Berger völlig unerwartet vor mir und sagte: „Feierabend ist was für Langweiler. Wir gehen jetzt einen Wein trinken!" Ich fühlte mich überrumpelt und sagte: „Ich habe heute kaum etwas gegessen.", und bevor ich weitersprechen konnte, fiel er mir ins Wort: „Dann gehen wir essen! Ich kenne einen guten Griechen - hier gleich um die Ecke." Er hakte sich bei mir unter und zog mich mit.

Obwohl ich einen Bärenhunger hatte, kriegte ich nichts runter. Er dagegen hatte einen guten Appetit und als er fertig war, nahm er einfach ungefragt meinen Teller und aß weiter. „Ab jetzt duzen wir uns.", sagte er bestimmend. „Ich heiße Ulrich und du bist Anette, stimmt´s?" Er prostete mir zu, beugte sich über den Tisch und gab mir ungefragt einen Kuss, der sich total vertraut anfühlte. Wir unterhielten uns den ganzen Abend supergut, ganz so, als würden wir uns schon ewig kennen. Als die Rechnung dann kam, durfte ich bezahlen. Ich dachte mir erstmal nichts dabei, und wir verließen das Restaurant.

Es kam wie es kommen musste: Er brachte mich noch nach Hause und bevor wir uns versahen, landeten wir im Bett. Was für ein toller Abend – was für ein Mann – und was für ein geiler Sex!

Von jetzt an trafen wir uns in unregelmäßigen Abständen, ganz wie es ihm gefiel, nach diesem Schema: Er überraschte mich abends nach der Arbeit, wir gingen essen und anschließend hatten wir Sex. Erst genoss ich diese aufregende Affäre, aber so nach und nach dämmerte mir, dass es immer nur nach seinen Spielregeln ablief. Denn wann immer ich ihn sprechen wollte, ob privat oder beruflich, war er nicht greifbar.

Die Erkenntnis überrollte mich irgendwann wie eine Dampflok. Ich, die sich über Jahre in einer Männerdomäne durchgeboxt hatte, wurde von ihm wie ein kleines, dummes Schulmädchen behandelt. Er machte, was er wollte, und ich ließ es mit mir machen - zurückblickend betrachtet - UNFASSBAR!

Die letzten Jahre waren eh schon unheimlich anstrengend gewesen, aber wenn ich geahnt hätte, was da auf mich zukam, dann hätte ich sofort die Reißleine gezogen, aber es war zu spät! Ich war ihm offenbar bereits hörig, denn ich konnte seine Spielregeln nicht brechen.

Er kam immer noch, wann er wollte, nahm, was er wollte, forderte Sex, wenn er Lust hatte, und wenn ich mich wehrte oder etwas dazu sagte, wurde er wütend, schmollte wie ein kleines Kind und zog sich tage- oder sogar wochenlang zurück. Wenn er Geld brauchte und sich etwas von mir leihen wollte, weil seine Firma schlecht lief, kam er angekrochen, war lieb und zärtlich, und wenn der Rubel nicht sofort rollte, musste ich mir anhören: „Du liebst mich nicht!" Es war ein Horrortrip, der nicht enden wollte.

Nach drei Jahren konnte ich nicht mehr, ich war am Ende meiner Kräfte! Da ich in meinem Ort sehr bekannt war, suchte ich mir eine Therapeutin im nächstgrößeren Ort. Die Gespräche mit ihr taten mir unheimlich gut und stärkten mich. Endlich hatte ich die Kraft, unsere Beziehung zu beenden und brach zu Ullrich jeden Kontakt ab.

Es vergingen nochmal gut drei Jahre und in der Zeit fand ich meine Lebensfreude wieder, war viel mit Freunden unterwegs und alle incl. mir waren froh, dass das Kapitel „Ulrich" endlich abgeschlossen war.

Doch: Fehlanzeige! Als ich eines Abends spät nach Hause kam, stand Ulrich vor meiner Tür. „Bitte, lass es uns wieder versuchen! Du hast mir so unendlich gefehlt.", waren seine Worte, und er nahm mich in den Arm und küsste mich. Und eh ich mich versah, wurde ich wieder schwach.

Die ersten Wochen waren zwar wunderschön! Er bemühte sich um mich, war zärtlich und liebevoll wie am Anfang unserer Beziehung. Doch das Glück dauerte nicht lange an. Er brauchte wieder Geld, mal waren es kleinere Summen, mal größere und ich konnte ihm nicht widerstehen – ich tat es wieder.

Meine Freunde verstanden die Welt nicht mehr und redeten auf mich ein: „Er nutzt dich aus. Merkst du nichts mehr? Du bist seine Geldmaschine! Du arbeitest von morgens bis spät abends und der gnädige Herr lässt sich aushalten und legt die Füße hoch! Er ist faul; nicht ohne Grund hat er seine Firma an die Wand gefahren!" Insgeheim wusste ich, dass sie Recht hatten, wollte es mir aber nicht eingestehen.

Nach gut einem Jahr und vielen Therapiestunden beendete ich erneut unsere Beziehung. Es dauerte nicht lange und Ulrich meldete sich wieder bei mir. Ich wimmelte ihn ab, aber er hörte nicht auf! Und wieder ließ ich mich breitschlagen.

Was war bloß los mit mir? Ich war mittlerweile nur noch ein Schatten meiner Selbst. Über 20 kg hatte ich schon abgenommen und wog gerade mal noch 50 kg. Obwohl alle Alarmglocken läuteten, konnte ich nichts verändern. Mir fehlte einfach die Kraft dafür.

Über mehrere Jahre das gleiche Spiel: Mal machte er Schluss, mal ich; es war ein Auf und Ab, ein Gefühlschaos ohne Ende, und immer, wenn es mir einigermaßen gut ging, kam er angekrochen und ich kam nicht von ihm los.

An meinem 50. Geburtstag, Ulrich und ich hatten mal wieder eine längere Sendepause, knallte mir meine Freundin Rita das Buch „Dualseelen & die Liebe" auf den Tisch: „Hier lies das! Das ist EURE Geschichte! Du musst da raus! Du musst weg von ihm! Schnellstmöglich!" „Woher hast du das Buch?", wollte ich wissen. „Ich will, dass es dir wieder gut geht und bin nur am Recherchieren. Eure Situation geht mir so auf die Nerven und da du dich darum nicht kümmerst, habe ich es für dich gemacht. Ich will wieder meine ‚alte Anette' haben, die Anette, mit der ich lachen und weinen und feiern und Blödsinn machen kann. Du bist ein Wrack und dieser Taugenichts hat nichts Anderes als deine hartverdiente Kohle im Kopf! WACH ENDLICH AUF!"

Weinend brach ich zusammen und lag in ihren Armen. Alles, was ich in den letzten Jahren ausgeblendet hatte, kam in mir hoch. Rita streichelte meinen Kopf und sagte: „Lass alles raus und wenn du wieder klar denken kannst, dann vereinbare einen Termin mit Ricarda oder Conny. Ich denke, die beiden Frauen können deine Situation besser verstehen und da sie sich schon über Jahre mit dem Thema beschäftigen, sicherlich auch helfen."

Ich konnte in den nächsten zwei Tagen nicht arbeiten, denn ich war nur mit Lesen beschäftigt. Kaum hatte ich die letzte Buchseite verschlungen, fing ich wieder auf der ersten Seite an! Ich wartete noch ein paar Tage, musste das, was ich gelesen hatte, erstmal sacken lassen, und schrieb dann Ricarda an. Wir vereinbarten einen Telefontermin. Sie hatte großes Verständnis für meine Situation, erklärte mir die Hintergründe, gab mir viele Tipps und eine Affirmation. Ein paar Tage später sprach ich auch mit Conny, denn es waren für mich noch nicht alle Fragen beantwortet und ich wollte in meinem Kopf Klarheit haben. Ich fühlte mich von den beiden so verstanden.

Zuerst dachte ich, ab jetzt wird alles leichter. Leider war das nicht der Fall. Ich hatte zwar die Dynamik der

Dualseelenverbindung und die damit verbundenen Lernaufgaben einigermaßen verstanden, aber das Umsetzen fiel mir unheimlich schwer. Das Arbeiten mit Affirmationen wollte anfangs nicht so richtig funktionieren. Ein paar Tage ging es vorwärts, ich baute mich auf und dann kam ein erneuter Einbruch. Es war eine Achterbahnfahrt, denn alles in mir war in Aufruhr. „Du musst durchhalten und konsequent mit deiner Affirmation arbeiten!", hatte ich ständig im Kopf, denn Ricarda und Conny hatten mir prophezeit, dass es am Anfang holprig werden könnte.

Nach ein paar Wochen jedoch und ständigem Erinnern an die Affirmation ging es mir schon richtig gut. Ich konnte mich einigermaßen auf meine Arbeit konzentrieren. Ulrich war nicht mehr pausenlos in meinen Gedanken und in den nächsten Monaten traf ich mich wieder mit meinen Freunden, um abends etwas Schönes zu unternehmen.

Ich hatte meine Clique zum Fondueessen eingeladen. Wir hatten schon ein paar Flaschen Wein getrunken, als kurz nach 23 Uhr mein Telefon klingelte. Es war ein Anruf mit unterdrückter Nummer. Ich meldete mich mit meinem Namen und am anderen Ende wurde aufgelegt. „Und? Wer war das?", alle schauten mich an. „Keine Ahnung. Da hat sich wohl jemand verwählt.", sagte ich und ging zur Tagesordnung über. Als ich endlich um zwei Uhr im Bett lag, klingelte erneut das Telefon. Keine Reaktion am anderen Ende; es wurde wieder aufgelegt. Dieses Spielchen wiederholte sich in der nächsten Zeit etliche Male - meistens spät abends oder nachts. Ich stöpselte daraufhin mein Festnetz aus, wenn ich schlafen ging, und tagsüber war ich für Anrufer, die ihre Telefonnummer unterdrückt hatten, nicht mehr erreichbar; sie mussten auf die Mailbox sprechen.

Es dauerte zwar noch ein paar Wochen, aber dann war endlich der Spuk vorbei. Keine Anrufe mehr mit unterdrückter Nummer.

Eines Abends hatte mich Rita überredet, mit ihr Karneval zu feiern. Ich fuhr zu ihr, ließ dort meinen Wagen stehen und wir schlenderten eingehakt Richtung Altstadt. Es war ein lustiger, feucht-fröhlicher Abend und wir hatten einen Riesenspaß, denn wir zogen von Kneipe zu Kneipe, stürzten uns ins Vergnügen, überall dort, wo eine super Stimmung war. Als der Abend sich dem Ende neigte, brachte ich Rita nach Haus und nahm mir von ihr aus ein Taxi. Als ich gerade bezahlen wollte, sah ich Ulrich vor meiner Haustür stehen. „Fahren Sie mich bitte sofort wieder in die Paulsenstr. 5, da hin, wo ich eingestiegen bin!", sagte ich zum Taxifahrer, der mich etwas verdutzt anschaute. „Fragen Sie mich bitte nicht - fahren Sie einfach!", mehr wollte und konnte ich nicht sagen.

Rita war völlig aus dem Häuschen, als ich bei ihr eintraf und ihr den Grund meines erneuten Nachtbesuches mitteilte. „Lass uns schlafen gehen, denn morgen, mit klarem Kopf, können wir besser denken." Ich sackte auf dem Sofa zusammen und schlief samt Klamotten ein.

Am nächsten Morgen wurde ich von Rita aus dem Schlaf gerissen und es fing eine Diskussion über Ulrich an, die nicht aufhören wollte. Sie wollte mich schützen, warnen, erinnerte mich ans Buch und das alles auf einmal. „Ich fahre jetzt nach Hause. Wenn Ulrich sich melden oder vor meiner Tür stehen sollte, dann weiß ich schon, was ich zu tun habe. Und jetzt ist Schluss. Ich möchte kein Wort mehr in Richtung Ulrich hören!" Mit einem scharfen Ton beendete ich das Gespräch, drückte Rita noch zum Abschied und fuhr nach Hause.

Vor meiner Haustür lag ein wunderschöner Blumenstrauß mit einer kleinen Karte: „Du bist die Liebe meines Lebens, dein Ulrich.", las ich und mir liefen unvermittelt Tränen über meine Wangen. Kaum stand ich in meinem Wohnzimmer klingelte auch schon mein Handy und ich sah seine Telefonnummer. Ich atmete tief ein und aus! „Da muss ich jetzt durch.", dachte ich mir und nahm ab. „Ich stehe vor deiner Haustür, bitte lass mich rein. Ich muss dich sehen und mit dir reden - bitte! Ich weiß, dass du zu Hause bist!", bettelte Ulrich.

Wir saßen über drei Stunden zusammen und er redete und redete und redete - hauptsächlich über seine Kindheit. Er war ein verwöhntes Einzelkind und seine finanziell gutgestellten Eltern waren geschäftlich viel unterwegs. Immer, wenn sie nicht zu Hause waren, wurde er herumgereicht. Oft musste er ein paar Tage bei den Nachbarn bleiben oder wurde bei der Verwandtschaft untergebracht. Größtenteils kümmerte sich ihre Haushaltshilfe um ihn. Zur Belohnung bekam er immer Geschenke oder ihm wurde Geld zugesteckt. Andere Kinder mussten sich ihr Taschengeld einteilen - er nicht! Jeder Wunsch, egal ob groß oder klein, wurde erfüllt. Er bekam immer, was er wollte! Er machte sich selbständig. Wenn Geld fehlte, Papa und Mama gaben es ihm. Drei Firmen hat er gegen die Wand gefahren - die Eltern zückten das Portmonee. Als er die vierte Firma aufgeben musste, zogen seine Eltern die Reißleine und die Geldquelle wurde geschlossen. Das Geld, was er durch den Verkauf noch erzielen konnte, hatte er ausgegeben, und da er weiterhin auf großem Fuß leben wollte, musste ich herhalten.

Er hatte den Überblick über seine Finanzen verloren, denn er hatte nie gelernt, auf eigenen Beinen zu stehen, zu arbeiten und Geld zu verdienen.

Die vergangenen Monate waren unheimlich hart für ihn, denn er arbeitete nun bei einer Zeitarbeitsfirma in verschiedenen Branchen. „Jetzt weiß ich, wie schwer es ist, Geld zu verdienen und ich bewundere dich für das, was du geschafft hast in den ganzen Jahren. Respekt! Ich habe oft auf deine Kosten gelebt und es tut mir unendlich leid, dass ich so mit dir umgegangen bin." Er versuchte seine Tränen zu unterdrücken, was ihm sichtlich schwerfiel.

„Ich liebe dich so sehr, dass ich es gar nicht in Worte fassen kann. Ich brauche dich, denn du gibst mir das, was ich immer so sehr vermisst habe: Liebe, Wärme und Geborgenheit. Bitte, lass es uns nochmal versuchen, aber unter anderen Bedingungen." Er saß auf meinem Sofa und wartete auf eine Antwort, die ich ihm nicht geben konnte. „Nicht schwach werden!", hämmerte es in meinem Kopf, denn am liebsten hätte ich ihn in den Arm genommen und getröstet. Dieser stattliche Mann saß wie ein Häufchen Elend vor mir und er tat mir aus tiefstem Herzen leid.

„Gute Dinge brauchen Zeit und die brauche ich jetzt, damit ich für mich die richtige Entscheidung treffen kann. Ich möchte erstmal sehen, was in der nächsten Zeit passiert!" Ich bat ihn zu gehen, um sicherzustellen, dass ich nicht wieder schwach werde.

In den kommenden Wochen bemühte er sich sehr um mich und ich genoss es, umsorgt zu werden. Er hatte seine große Wohnung gekündigt und eine kleine 2-Zimmerwohnung angemietet. Auch sein teures Auto hatte er gegen einen Kleinwagen ausgetauscht. Manchmal brachte er abends Lebensmittel mit und wir kochten zusammen. Über das Thema Geld wurde nicht gesprochen! Es ging ihm finanziell schlecht und ich hatte das geliehene Geld für mich schon abgehakt.

Ich hatte keinem meiner Freunde, nicht mal Rita, von den Treffen mit Ulrich erzählt, denn ich wollte nicht, dass „er" wieder zum abendfüllenden Thema wurde.

Langsam baute sich das verlorengegangene Vertrauen in Ulrich wieder auf, denn wenn er etwas versprach, hielt er es auch. Wenn wir Meinungsverschiedenheiten hatten, zog er sich nicht wie früher tage- oder wochenlang zurück, sondern wir konnten auf Augenhöhe miteinander reden.

Wir hatten gerade den Tisch gedeckt, wollten mit dem Essen anfangen, da klingelte es an meiner Haustür. Überraschungsbesuch von meinen Freunden! Sie standen wie versteinert in meinem Wohnzimmer, als sie Ulrich in der Küche sahen. Mit aufgerissenen Augen und einem wütenden

Gesichtsausdruck schaute mich Rita an. Es war eine peinliche Situation... für uns alle!

Im Laufe des Abends glätteten sich jedoch die Wogen, denn sie bemerkten, dass Ulrich sich anders verhielt als sonst. Er war in den Gesprächen viel offener und nicht so rechthaberisch wie früher. Und als sie hörten, dass wir seit ungefähr vier Monaten wieder Kontakt hatten, waren sie überrascht, denn sie hatten bemerkt, dass ich in der letzten Zeit immer mehr aufblühte. Den Grund dafür hatten sie allerdings nicht geahnt.

Wir sind jetzt seit gut zwei Jahren in einer festen Beziehung und es ist einfach wunderschön. Ulrich hat zum Jahresende seine Wohnung gekündigt und zieht im Januar bei mir ein. Und: Er beteiligt sich an meinen Kosten. Es fällt ihm manchmal noch sehr schwer, aber er schafft es immer wieder, durch Wochenend- oder Nachtzuschläge, das Finanzielle zu stemmen. Ich bin unheimlich stolz auf ihn, denn er hat sich den Biss und das Durchhaltevermögen hart erarbeitet. Er achtet sehr auf sein Geld, spart, um sich seinen Traum von einem kleinen Bistro zu erfüllen.

Seitdem wir zusammen sind, hat er mich nie wieder um Geld gebeten, und wenn ich ihn gefragt habe, sagte er nur: „Ich schaffe das! Ich habe meinen Traum und den werde ich mir erfüllen!", nahm mich in den Arm und küsste mich. Und ich weiß, dass er es schaffen wird! So wie wir es auch geschafft haben.

Ach ja - und irgendwann werde ich ihn aufklären, wo ich ihn das erste Mal gesehen habe: in der Sauna! Manchmal schaut er mich noch an und ich spüre förmlich, dass da immer noch ein klitzekleines Fragezeichen im seinem Kopf herumschwirrt.

Eine Geschichte mit großem Altersunterschied

Die Geschichte von Beate & Achim

Ständig schaute ich auf die Uhr und wartete, dass Achim endlich kam. „Na, versetzt er dich schon wieder? Sein Hausdrachen lässt ihn wohl nicht gehen!", grinsend schaute mich eine Männertruppe an und prostete mir zu. Innerlich war ich stinksauer, aber äußerlich ließ ich mir nichts anmerken. Und darauf eingehen wollte ich auch nicht. Also sagte ich nichts, lächelte nur freundlich und zapfte weiter Bier. Als ich gerade meine Kneipe abschließen wollte, kam eine SMS von ihm: „Hat heute nicht geklappt, Beate, ich komme morgen vorbei." „WIEDER mal nicht geklappt!", hätte ich am liebsten geantwortet, schrieb aber zurück: „Dann freu ich mich auf morgen. Schlaf gut!", steckte mein Handy weg und fuhr nach Hause.

Ich legte mich schlafen, denn ich war froh, dass mein stressiger Tag vorbei war. Ich wollte über die ganze Situation mit Achim einfach nicht mehr nachdenken; endlich wieder den Kopf frei haben, aber es funktionierte nicht. Meine Gedanken kreisten ununterbrochen um ihn.

Seitdem Achim auf Rente war, ist alles so schwierig geworden. Früher kam er nach der Arbeit mit ein paar Kollegen auf ein Feierabendbier vorbei und ich konnte ihn wenigstens sehen, wenn auch nur für eine halbe Stunde, denn dann ging er nach Hause.

Aber jetzt, wo er auf Rente war, ist es die reinste Katastrophe, ein Treffen mit ihm zu vereinbaren. Immer wieder muss ich mir anhören: „Ich schaffe es zeitlich - geht doch nicht - komme doch - leider doch nicht - wir müssen es auf nächste Woche verschieben - ich muss zu Hause bleiben, bitte habe Verständnis für meine Lage - du weißt ja, meine Frau und die Kinder!", immer wieder die gleiche Leier.

Ich konnte diese ganze Sch... nicht mehr hören. Alles war wichtiger als ich, vor allem die sogenannten „Kinder"! Wenn ich das Wort „Kinder" schon hörte, wurde mir übel, denn seine beiden Söhne waren 28 und 32 und hatten schon ihre eigenen Wohnungen! Immer wieder schob er sie vor, und wenn das bei mir nicht zog, dann versteckte er sich hinter seiner Frau Gaby, seinem Hausdrachen ‚Gaby', wie er sie nannte. Irgendeinen Grund fand er immer und erwartete von mir Verständnis dafür.

„Na warte Freundchen, mit mir nicht mehr. Es ist aus, Schluss und vorbei. Aus diesem Spiel steige ich aus, denn neun Jahre Chaos reichen mir." Mein Entschluss stand fest: Ich ziehe den Schlussstrich!

Natürlich klappte es am nächsten Tag mit unserem Treffen wieder nicht und ich wurde erneut per SMS vertröstet: „Ich kann erst morgen oder übermorgen vorbeikommen, dein

Achim.", las ich und mir liefen Tränen über die Wangen. Eine Wut stieg in mir hoch, die ich so noch nicht gespürt habe. Ich ließ alles stehen und liegen und verzog mich in die Küche. Am liebsten hätte ich alles rausgebrüllt: die Wut, die Verzweiflung, die Verletzungen, den Liebeskummer, die Hilflosigkeit, aber ich sackte nur zusammen und weinte bitterlich.

Meine Angestellte Lydia kam zu mir, legte den Arm um meine Schulter und sagte: „Du fährst jetzt mit dem Taxi nach Hause und ruhst dich aus. Ich halte den Laden aufrecht, du kannst dich auf mich verlassen." Sie brachte mich zum Taxistand direkt vor meiner Kneipe, drückte mich nochmal und ging wieder zurück.

„Na, ist wohl heute kein guter Tag für dich!", begrüßte mich der Taxifahrer, und als ich im Wagen saß, erkannte ich Friedrich, einen alten Bekannten aus früheren Zeiten. „Seit wann fährst du denn Taxi?", fragte ich unter Tränen. „Seit ein paar Wochen habe ich mein eigenes, kleines Ein-Mann-Geschäft und ich bin ganz zufrieden. Die wilden Jahre sind vorbei und jetzt lass ich es ruhig angehen. Wenn ich Lust habe, dann fahre ich, und wenn keine Lust habe, dann fahre ich eben nicht! So, wie meine Laune und mein Geldbeutel es zulassen. Zu Hause wartet ja niemand auf mich."

Als wir vor meiner Tür standen, lud ich ihn noch auf einen Kaffee ein. Wir redeten über alte, wilde Zeiten und meine Laune besserte sich zusehends. Obwohl ich eigentlich alleine sein wollte, tat mir seine Anwesenheit gut, denn wir lachten viel und ich war abgelenkt von Achim. Er verabschiedete sich zwei Stunden später mit den Worten: „Bis bald, denn das schreit nach Wiederholung!", ging zu seinem Taxi und verschwand.

Ein paar Tage später kam Friedrich in meine Kneipe und ich freute mich riesig, als ich ihn sah. „Nanu, schon Feierabend oder machst du nur eine kurze Pause?" wollte ich wissen. Er lachte und sagte: „Es war heute ein guter Tag und meine Kasse stimmt! Jetzt ist Feierabend. Mach mir mal ein kühles Blondes fertig." Er setzte sich an den Tresen und fragte: „Geht es dir schon wieder besser? Hast du Lust, heute Abend mit mir ins Kino zu gehen, oder ackerst du jeden Abend bis in die Nacht hinein?" Noch bevor ich etwas sagen konnte, erwiderte Lydia: „Heute Abend hat Beate frei, denn heute ist mein langer Tag. Stimmt's Beate?" Sie grinste mich an. „Du gehst ins Kino. Jetzt bin ich mal der Boss! Du hast heute Abend frei, keine Widerrede!" Ich konnte mich nicht wehren. Friedrich und ich verabredeten, dass er mich um 19 Uhr vor meiner Kneipe abholt.

Nach dem Kino schlenderten wir noch eingehakt durch die Einkaufspassage und plötzlich hörten wir, wie sich hinter uns ein Pärchen lautstark stritt. Wir drehten uns um und ich sah Achim mit seiner Frau. „Bitte bring mich nach Hause!", flehend sah ich Friedrich an. „Der Abend fängt doch jetzt erst an. Wir wollten doch noch ein Bierchen trinken!", bemerkte Friedrich, „aber wenn du keine Lust mehr hast, dann bringe ich dich nach Hause." „Lust schon, aber ...", konnte ich noch rausbringen und fing fürchterlich an zu weinen. Friedrich nahm mich in den Arm und sagte: „Das wird heute eine lange Nacht. Ich bringe dich nach Hause und dann schüttest du mal Dein Herz aus. Ich habe sehr viel Zeit."

Es wurde wirklich eine lange Nacht, denn in mir kam der ganze Frust, der sich über Jahre angesammelt hatte, hoch. Ich erzählte ihm, dass ich mit Achim seit über 9 Jahren eine Affäre habe, er sich nicht, trotz vieler Versprechungen, von seiner Frau trennen kann und seit er Rentner ist, kaum noch Zeit für mich hat.

„Wenn er so einen Besen zu Hause hat, wie konntet ihr euch denn dann ab und zu am Wochenende sehen?", wollte er wissen. „Er war früher beruflich viel auf Reisen und er besuchte oft Wochenend-Seminare. Da konnte er unsere Treffen gut managen. Aber vor gut einem halben Jahr ist er vorzeitig auf Rente gegangen und seitdem ist es schwierig. Seine Frau achtet mit Adlersaugen auf ihn, kontrolliert sein Handy und will immer wissen, wann er wo ist." „Und dann hat am Wochenende Lydia den Laden geschmissen? Sie weiß von der Affäre?", erkundigte sich Friedrich weiter. „Ja, auf sie kann ich mich verlassen. Ich kenne Lydia schon über 12 Jahre. Wir haben zusammen in einer Bar gekellnert, und als ich ihr erzählte, dass ich meine eigene Kneipe eröffne, da war sie sofort Feuer und Flamme und bat mich sie einzustellen. Sie arbeitete zuerst als Aushilfe bei mir und seit ca. 5 Jahren ist sie fest angestellt. Wir sind ein eingespieltes Team und ich kann mich zu 100 % auf sie verlassen. Sie ahnte, dass zwischen mir und Achim etwas lief, und hat mich darauf angesprochen. Ich habe es ihr im Vertrauen erzählt. Wenn es mir schlecht ging, ich mich hundeelend fühlte, nicht mehr weiterwusste, war sie immer mit ihrer Engelsgeduld für mich da.", antwortete ich.

Wir redeten die ganze Nacht, und als es hell wurde, verabschiedete sich Friedrich: „Wenn du magst, dann komme ich ab und zu mal bei dir auf ein Bierchen vorbei, und wenn du Zeit und Lust hast, können wir auch mal etwas zusammen unternehmen oder einfach nur reden." Ich stand in der Wohnungstür und winkte ihm noch nach, als er im Treppenhaus verschwand.

„So soll es sein. Genauso möchte ich es haben!" ging es mir durch den Kopf. „Ich möchte einen Mann haben, der Rücksicht auf mich nimmt und der mir eine Schulter zum Anlehnen bietet, wenn es mir mal nicht so gut geht.", legte mich aufs Sofa und schlief ein.

Als ich nachmittags in meine Kneipe kam, war Lydia schon am Wirbeln. „Sorry, aber es ist gestern Abend sehr spät geworden.", sagte ich und mit einem verschmitzten Grinsen schaute mich Lydia an. „Hallo… nicht was du denkst. Er ist nur ein guter Kumpel und hat mich die ganze Nacht getröstet, denn ich habe gestern Abend Achim mit seiner Frau gesehen oder besser gesagt: gesehen UND gehört. Die beiden hatten einen fürchterlichen Streit. Und danach hatte ich keine Lust mehr, um die Häuser zu ziehen. Friedrich hat mich nach Hause gebracht und wir redeten die ganze Nacht oder besser gesagt: ich heulte und schüttete mein Herz aus und er hörte zu."

So ganz nebenbei sagte Lydia: „Friedrich ist schon ein schickes Kerlchen, ganz mein Beuteschema. Der dürfte seine Schuhe auch unter meinem Bett vergessen!", nahm das Tablett mit den schmutzigen Gläsern und ging in die Küche.

Völlig geplättet folgte ich ihr. „Schauen wir mal, was sich da machen lässt. Friedrich wird wohl ab und zu hierherkommen und ein Bierchen trinken." Ich ließ sie damit stehen und ging wieder in die Gaststube.

Als Lydia zurückkam, sagte sie: „Am Samstag wird es sicherlich spät werden. Wir haben eine Reservierung für 12 Personen reinbekommen: Kegelbahn, Essen und natürlich Getränke. Da freut sich die Kasse. Hat sich Achim schon bei dir gemeldet? Hat er dich mit Friedrich gesehen?" Ich spürte, dass beim Namen „Achim" meine Laune schlechter wurde, und verneinte ihre Frage. „Dieser Feigling bleibt bei seiner Gaby oder besser gesagt: im Knast - naja, ab und zu hat er ja Freigang!", sagte sie. „Hör auf Lydia!", ich drehte mich um und ließ sie stehen. „Sie hat recht, verdammt sie hat recht.", weiter wollte ich nicht darüber nachdenken und fing an, wie eine Verrückte den Tresen zu putzen.

Am Samstag - später Nachmittag - kam Friedrich und half uns beim Saubermachen der Kegelbahn, Tische rücken und Gläser polieren. Lydia war völlig aufgedreht und war ständig in Friedrichs Nähe. Innerlich musste ich schmunzeln, aber ich tat so, als ob ich nichts bemerkte.

Es war gegen 20 Uhr, da rückte die Kegeltruppe an und mir fiel fast ein Bierglas aus der Hand, als ich Achim mit seiner Frau sah. „Dieser Sch...kerl, besitzt die Frechheit, mit seiner Gaby hier zu erscheinen!" Eine Wut stieg in mir hoch und ich kämpfte mit den Tränen. Ich begrüßte freundlich lächelnd die Gäste, einschließlich Achim nebst Frau, und brachte sie zur Kegelbahn.

„Lydia, bitte nimm du die Bestellungen auf. Achim ist mit seiner Frau da. Ein falsches Wort von ihm und bei mir brennt eine Sicherung durch.", wutentbrannt ging ich in die Küche und musste erstmal runterkommen. „Was ist denn los mit dir? Der Rubel fängt an zu rollen, das ist doch super!", sagte Friedrich. Ich schaute ihn an und fing an zu schluchzen. „Achim ist mit seiner Frau da und spielt wieder ‚heile Welt'. Friedrich nahm mich in den Arm und streichelte meinen Kopf. „Alles wird gut!", konnte er noch sagen, als plötzlich Achim in der Küche stand. „Ach so, ich störe wohl? Kaum habe ich ein paar Tage keine Zeit, liegst du schon dem nächsten im Arm - interessant."

„Du Idiot! Bleib doch bei deiner Gaby, oder wie du immer sagst: ‚mein Hausdrachen Gaby' und spiele weiter heile Welt!", und gerade als ich so richtig loslegen wollte, sah ich seine Frau mit aufgerissenen Augen hinter ihm stehen. Er drehte sich um und es herrschte Totenstille!

Ohne ein Wort zu sagen, verschwand Gaby aus der Küche, nahm ihre Jacke und verließ die Kneipe.

„Raus mit dir! Raus aus meiner Kneipe! Du hast Hausverbot; lass dich hier nicht mehr blicken!", schrie ich Achim an und er verschwand, ohne etwas zu erwidern.

Einige Tage hörte ich nichts von ihm und dann kamen wieder SMS und Anrufe. Ich drückte ihn weg, antwortete auch nicht auf seine SMS und fühlte mich gut damit.

Eines Abends, ich wollte gerade meine Haustür aufschließen, stand Achim mit zwei Koffern vor meiner Tür. „Ich habe mich von Gaby getrennt, denn ich möchte mit dir zusammen sein." Ich stand da und wusste nicht, was ich sagen sollte. Wir gingen in meine Wohnung und es kam, wie es kommen musste, wir landeten im Bett.

Lydia und Friedrich verdrehten nur die Augen, als ich ihnen am nächsten Tag erzählte, dass Achim bei mir eingezogen sei und jetzt alles gut wird. Von Lydia kam nur: „Na bravo!", und dann ließ sie uns stehen und arbeitete weiter.

Die ersten Wochen mit Achim waren traumhaft schön; er war lieb und fürsorglich. Aber nach einer Weile hatte ich das Gefühl, dass er sich wieder zurückzog. Er kam nicht mehr täglich in meine Kneipe, meldete sich tagsüber nicht mehr so häufig wie sonst, und er war auch nicht mehr so zärtlich. Was er den ganzen Tag lang unternahm, wollte er mir nicht sagen. Ich konnte weder mit Friedrich noch mit Lydia darüber sprechen, denn ich wollte nicht, dass sie mit ihrer Vermutung: „das wird nicht gut gehen" Recht behielten.

Kurz vor Weihnachten platzte die Bombe: Achim zog wieder zu seiner Frau! „Ich kann Gaby und die Kinder Weihnachten nicht alleine lassen!", sagte er, und ohne darauf etwas zu antworten, schmiss ich seine Sachen in seine Koffer und brüllte nur: „Raus und lass dich hier nie wieder blicken!", wünschte ihm noch ein frohes Fest mit seiner Gaby und knallte die Haustür hinter ihm zu.

Die Nacht wurde zum Tag, denn ich zog mich an und irrte wahllos die ganze Nacht durch die Stadt. „Wie komme ich nur von Achim los? Wie schaffe ich es, ihn aus meinem Leben zu streichen? Wie werde ich ohne ihn wieder glücklich?", solche und viele andere Gedanken gingen mir durch den Kopf.

Ich recherchierte im Internet und kam auf die Seite „Karmische-Liebe.de". Bis in den frühen Morgen hinein war ich mit dem Lesen vieler Beiträge beschäftigt und bestellte mir gleich alle drei Bücher von Ricarda und Conny.

Hundemüde ging ich mittags in meine Kneipe, und als Lydia meine geschwollenen Augen sah, sagte sie nur: „Du musst nichts sagen. Es reicht mir schon, was ich sehe. Ab nach Hause und schlaf dich erstmal aus! Sei froh, dass du ihn endlich los bist! Und noch etwas: Friedrich und ich gehen Freitagabend ins Kino." Sie zwinkerte mir zu und drückte mich, bevor ich mich Richtung Heimat auf den Weg machte.

Zwei Tage später hielt ich alle drei Bücher in den Händen und fing gleich an zu lesen. Jede freie Minute war ich mit den Büchern beschäftigt, ob zu Hause oder auf Arbeit, und immer wieder hatte ich „Aha-Momente". Das erste Buch „Dualseelen & die Liebe" spiegelt unsere Situation zu 100 % wider. Hinter jedem Absatz konnte ich einen Haken machen: „Genauso ist es auch bei uns!" So langsam fing ich an, die Hintergründe unserer Verbindung zu begreifen: Ich brachte mich zu sehr in unsere Beziehung ein, war immer für ihn da, hatte für alles

Verständnis und gab ihm dadurch nicht die Möglichkeit, um mich zu kämpfen.

Das Buch „Der Loslasser" hat mir sehr geholfen, meine Lernaufgaben zu meistern. Trotz des Buches vereinbarte ich hin und wieder Termine mit Ricarda und Conny, denn sie konnten mir anhand von greifbaren Beispielen einiges besser verdeutlichen. Und die Gespräche taten mir unglaublich gut und bauten mich auf, wenn es mir mal wieder schlechter ging. Zur Unterstützung bekam ich eine Affirmation, mit der ich anfänglich große Schwierigkeiten hatte. Aber nach einiger Zeit raffte ich mich auf und zog es konsequent durch, denn ich wollte nie mehr so leiden wie bisher. Es war eine harte Zeit mit vielen Rückschlägen, aber nach und nach ging es mir immer besser und besser.

Obwohl sich etwas zwischen Lydia und Friedrich anbahnte, war Friedrich immer noch mein Tröster und Retter in der Not. Lydias Nerven wollte ich nicht mehr strapazieren, denn ich hatte sie lang genug mit meiner Situation belastet. Ab und zu redete ich zwar noch mit ihr über Achim, aber ich schob ihn immer mehr aus meinen Gedanken und das tat mir gut, denn ich konnte mich wieder auf meine Arbeit konzentrieren.

In den kommenden zwei Jahren krempelte ich mein Leben komplett um. Die Kneipe wurde renoviert, ich wechselte die Wohnung, legte mir eine neue Frisur zu, Lydia und Friedrich unterstützten mich mehr in meiner Kneipe, so dass ich wieder ins Fitness-Studio gehen konnte.

Die große Wende kam an meinem 43. Geburtstag. Lydia und Friedrich, die zwischenzeitlich ein Paar geworden waren, hatten eine Überraschungsparty organisiert. Als ich die Kneipe betrat, war der ganze Gastraum mit Luftballons gefüllt und viele meiner Stammgäste waren gekommen, um mir zu gratulieren. Es wurde ein wunderschöner Abend und wir tanzten und feierten bis spät in die Nacht hinein. Willy, einer meiner Lieblingsgäste, nahm mich bei passender Gelegenheit beiseite und sagte: „Achim hat sich vor 8 Monaten von Gaby getrennt und die Scheidung eingereicht. Ich habe es nur erfahren, weil das Haus bei meiner Bank zum Verkauf ausgeschrieben ist und eine Bankangestellte, sie ist die Freundin meiner Frau, hat uns das hinter vorgehaltener Hand erzählt. Das bleibt aber unter uns, o.k.?" Ich konnte es kaum fassen, dass Achim sich wirklich getrennt und die Scheidung eingereicht hat. „Ehrensache.", sagte ich und damit war für mich das Thema erledigt.

Einige Tage später wollte ich gerade zum Großeinkauf aufbrechen, als mich meine Nachbarin anrief: „Bei mir liegt seit ein paar Tagen ein Päckchen für Sie. Da Sie nicht zuhause waren, hat der Postbote es bei mir abgegeben." Ich ging zu ihr rüber und holte das Päckchen ab. Als ich es öffnete, staunte ich nicht schlecht. Achim hatte mir mein Lieblings-Parfum und eine rote Rose geschickt. Auf der beigelegten Karte stand: „Ich möchte dich wieder riechen, spüren und mit dir glücklich sein, für den Rest meines Lebens, dein Achim."

Anstatt einkaufen zu fahren, fuhr ich zu meiner Kneipe. Friedrich sagte sofort: „Gib ihm doch eine Chance!" „Nein, der

Kerl hatte genug Chancen. Wie viele soll er denn noch bekommen?" Lydia, die Ruhe in Person, war völlig außer sich: „Endlich ist hier Ruhe eingekehrt und jetzt, wo du dich aufgerappelt hast, es dir wieder gut geht, kommt dieser Achim um die Ecke geschlichen! Und warum kommt er nicht hierher und sagt dir das persönlich?" „Weil er Hausverbot hat! Hast du das schon vergessen?" erwiderte ich. „Hausverbot hin, Hausverbot her! Er hätte zu dir nach Hause kommen können und was macht er? Schickt dir ein Päckchen, verkriecht sich unter einem Stein und hofft, dass du dich bewegst, wie früher!", entgegnete Lydia. „Früher ist vorbei.", sagte ich. „Ich schaue jetzt erstmal, was passiert. Wie heißt es so schön - Abwarten und Tee trinken."

„Friedrich, mach mal bitte eine große Kanne Tee für Beate. Sie will Abwarten und Tee trinken und das kann sicherlich lange dauern.", witzelte Lydia. „Du dumme Nuss!", sagte ich zu ihr und wir drei mussten herzhaft lachen.

Lydia hatte sich getäuscht, denn als ich vom Großeinkauf zurückkam, stand Achim vor meiner Kneipe. Er sagte nichts und schaute mich nur an. Ich dagegen wartete, dass von ihm etwas kam. Lydia, die mir beim Auspacken half, flüsterte mir zu: „Abwarten und Tee trinken.", grinste mich an und verschwand vollgepackt mit Tüten in meiner Kneipe.

Da von ihm nichts kam, nahm ich die Lebensmittel aus meinem Wagen und stellte sie am Tresen ab, parkte dann erstmal meinen Lieferwagen auf die gegenüberliegende Straßenseite um, und als ich in der Parklücke stand, machte Achim die

Autotür auf und setzte sich auf den Beifahrersitz. Wieder Schweigen im Walde.

Plötzlich klopfte Lydia an die Fahrertür und ich öffnete das Fenster. „Ich bringe dir deinen Tee!", zwinkerte mir zu und ließ uns wieder alleine.

„Ich vermisse dich so sehr, dass ich kaum noch schlafen kann. Meine Gedanken sind nur bei dir. Ich möchte dich wieder in meinen Armen halten und habe nur eins im Kopf: Mit dir möchte ich den Rest meines Lebens verbringen.", fing Achim langsam an.

„Achim, das Spielchen kenne ich. Das hast du mir schon so oft erzählt.", und noch bevor ich etwas sagen konnte, sprach er einfach weiter: „Wir mischen die Karten neu! Ich habe mich von Gaby endgültig getrennt und habe über einen Anwalt die Scheidung eingereicht. Unser Haus steht zum Verkauf. Ich bin die letzten Monate durch die Hölle gegangen. Die gesamte Familie ist gegen mich und unsere Freunde haben sich auf Gabys Seite geschlagen. Das ist mir aber alles egal, Hauptsache ich kann mit dir zusammen sein. Ich habe in der letzten Zeit viel über meine Kindheit nachgedacht. Ich habe indirekt meine Mutter geheiratet. Gaby ist genauso wie sie: kaltherzig, rechthaberisch, kontroll- und herrschsüchtig. Seit ich auf Rente bin, habe ich 24 Stunden Dauerstress. Nichts kann ich alleine machen, Gaby kontrolliert mich auf Schritt und Tritt. Ich bin am Ende meiner Kräfte. Ich habe mir eine Wohnung ganz in deiner Nähe gesucht und bin oft spät abends bei dir vorbeigegangen, um zu schauen, ob du schon zu Hause bist oder ob du

Herrenbesuch hast. Ich kann so nicht mehr weiterleben, denn ich brauche dich."

Wir saßen noch über eine Stunde in meinem Lieferwagen und innerlich musste ich schmunzeln, denn irgendwie kannte ich alles aus den Büchern von Conny und Ricarda. Da ich keine Standheizung in meinem Wagen hatte, tat mir der heiße Tee richtig gut. Ich war so froh, dass ich Lydia hatte.

Ich nahm Achim mit in die Gaststube und Friedrich hatte zwischenzeitlich für uns eine Suppe gekocht. „Ich glaube, wir brauchen alle eine kleine Stärkung. Ran an den Tisch, sonst wird das Essen kalt!", rief er aus der Küche. „Los Achim, auch du sollst nicht verhungern.", sagte Lydia und sie konnte ihren kleinen Stachel Richtung Achim nicht zurückhalten: „Du hast auch schon mal bessere Tage gesehen, so wie du aussiehst! Guten Appetit!"

Gegen 18 Uhr kamen die ersten Stammgäste und alle freuten sich, Achim wiederzusehen. Er blieb, bis ich die Kneipe abschloss, und freute sich, dass ich ihn nach Hause fuhr. Wir umarmten uns zum Abschied und er drückte mich so fest an sich, dass mir bald die Luft wegblieb. „Darf ich trotz Hausverbot in deine Kneipe kommen?", wollte er wissen. „Ja, aber nur, wenn du dich anständig benimmst und mir hin und wieder zur Hand gehst.", sagt ich. „Ich freue mich drauf", erwiderte er, stieg aus meinem Lieferwagen aus und ging winkend zur Haustür.

Die folgenden Monate waren wunderschön. Achim bemühte sich sehr um mich und half mir, wo er konnte. Dadurch hatten Lydia und Friedrich mehr Zeit für sich und sie genossen es, ab und an mal gemeinsam ins Kino oder Essen zu gehen. Oft saßen wir vier einfach nur zusammen und plauderten über Gott und die Welt. Friedrich und Achim verstanden sich prächtig und Lydia gab irgendwann mal klein bei: „Er ist wirklich ein nettes Kerlchen. Er ist für dich wie ein 6-er im Lotto!"

Mittlerweile sind wir seit drei Jahren in einer festen Beziehung, haben zwischenzeitlich geheiratet und ab Anfang nächsten Jahres gehe ich auf „Teilzeit-Rente". Lydia und Friedrich übernehmen dann meine Kneipe und ich arbeite ab und zu stundenweise bei den beiden.

„Du bist der Hauptgewinn für mich!" sagte Achim mal in einer ruhigen Minute zu mir. Und da fielen mir Lydias Worte wieder ein: „Er ist für dich wie ein 6-er im Lotto!". Also könnte man sagen: Zwei Hauptgewinne haben sich gesucht und gefunden!

Eine Geschichte mit einem Frauenhelden

Die Geschichte von Silke & Matthias

Ich, Silke, stand schon wieder am Fenster und beobachtete meinen Nachbarn, wie er früh morgens mit einer Frau ins Auto stieg. Er war ein Gentleman, denn er ging immer zur Beifahrertür, um sie aufzuhalten. Es zog mich permanent zum Fenster, um zu schauen, ob ich ihn eventuell sehen könnte. Ich schüttelte den Kopf, ging in die Küche, um den Frühstückstisch abzuräumen. Er hatte, wie so oft, wieder Nachtbesuch und ich versuchte, mein Kopfkino zum Stillstehen zu bringen. Ich platzte fast vor Eifersucht! „Es geht dich gar nichts an, mit wem er die Nacht verbringt", rief ich mich zur Ordnung und versuchte, die Gedanken wegzuschieben.

Nachmittags rief mich meine Freundin Vera an und wir plauschten über Gott und die Welt. „Na, warst du wieder neugierig und hast nach deinem Nachbarn geschaut?" fragte sie mich mit einem spöttischen Unterton. „Hör auf damit, Vera.", sagte ich, „Lass uns lieber überlegen, wohin wir am Sonntagabend gehen wollen. Hast du Lust auf Kino oder lieber doch zum Italiener hier bei mir um die Ecke. Ich wäre bereit für

beides - 18 Uhr Kino und anschließend gehen wir futtern."
„Gute Idee, aber ich werde nur einen Salat essen. Du weißt ja,
meine Hosen platzen bald aus allen Nähten. Und du solltest bei
deiner Figur auch keine Nudeln oder Pizza essen. Also dann bis
Samstag 17.30 Uhr vor dem Kino. Ich freue mich.", und bevor
ich noch etwas sagen konnte, hatte sie schon aufgelegt.
Insgeheim ärgerte ich mich ein wenig über sie, denn in jedem
Telefonat musste sie noch kurz eine Giftspritze loswerden.

Ich machte mich Sonntag um kurz nach 5 Uhr auf den Weg ins
Kino, denn Vera war immer überpünktlich. Als ich ankam,
stand sie schon da und schaute auf die Uhr. „Du bist ja
ausnahmsweise pünktlich.", musste sie zum Besten geben, „Ich
habe die Karten schon besorgt." Wir gingen in den Kinosaal
und suchten uns zwei Plätze ziemlich mittig aus, denn es war
freie Platzwahl. Kurz bevor der Film anfing, setzen sich zwei
Personen vor uns hin. Es war mein Nachbar mit einer
weiblichen Begleitung. Ich konnte mich kaum auf den Film
konzentrieren, denn vor mir wurde die ganze Zeit nur
geknutscht. Es war fürchterlich!

Ich war froh, als Vera und ich endlich beim Italiener saßen und
die Bestellung aufgaben. „Oh, das ist aber eine Überraschung.
Schau mal, da kommt ja dein Nachbar mit seiner Flamme. Die
beiden müssen sich stärken, bevor es zur Sache geht.", Vera
grinste mich an und trank genüsslich ihren Wein. „Ich weiß,
dass du ihn nicht ausstehen kannst. Aber Dein ständiges Pieken
geht mir ganz schön auf die Nerven. Hör endlich damit auf!",
sagte ich und versuchte, so ruhig wie möglich zu bleiben;
innerlich ärgerte ich mich über mich selbst. Hätte ich ihr nur

nicht erzählt, dass ich meinen Nachbarn interessant finde und dass er mein Beuteschema ist. Gott sei Dank wusste sie nicht, wie sehr ich mich schon in ihn verliebt hatte, obwohl ich ihn nur vom Sehen kannte.

Es war ziemlich spät, als ich Richtung Heimat fuhr. Ich hatte gehofft, dass ich schnell einen Parkplatz finde würde, das war aber leider nicht der Fall. Als ich endlich einen gesichtet hatte und rückwärts einparken wollte, stand hinter mir ein PKW und wollte mir meinen Parkplatz wegschnappen. Ich wartete, dass er wegfuhr; er wartete auch, und hoffte wohl, dass ich weiterfuhr. Da sich nichts tat, stieg ich aus meinem Auto aus und rief: „Den Parkplatz habe ich zuerst gesehen, suchen Sie sich einen anderen." Er rief mir etwas zu, was ich nicht verstehen konnte, und fuhr weg. Vor meiner Haustür angekommen stand plötzlich mein Nachbar vor mir. Er grinste mich an und sagte: „Hallo Frau Nachbarin. Da hatten Sie aber Glück mit dem Parkplatz; ich stehe jetzt zur Hälfte im absoluten Haltevorbot. Ich muss morgen früh raus und ich hoffe, dass mein Auto nicht abgeschleppt wird." Wir gingen gemeinsam ins Haus und kamen ins Gespräch.

„Ich habe Sie schon oft gesehen und mich gefragt, ob Sie allein hier wohnen oder ob ich ihren Mann nur noch nicht gesehen habe." Er schaute mir in die Augen... vielleicht ein wenig zu lang... und mit belegter Stimme sagte ich: „Ich bin seit ca. 3 Jahren geschieden und ich lebe hier alleine."

„Oh, das ist ja eine gute Nachricht. Was halten Sie davon, wenn wir uns duzen und vielleicht mal gemeinsam ein Bierchen oder einen Wein trinken gehen? Ich heiße Matthias und du?" Diese

Augen und Lippen... ging es mir durch den Kopf. Er stand da und schaute mich an. Ich räusperte mich und sagte: „Können wir gerne machen; ich heiße Silke." Wir setzten uns auf eine Treppenstufe und plauschten noch über eine Stunde. „Ich muss bald wieder raus. Mein Bett ruft... gute Nacht und schlaf gut!", verabschiedete er sich und ging in seine Wohnung.

Kaum hatte ich meine Tür aufgeschlossen, wurde mir richtig übel in der Magengegend. „Lass die Finger von ihm; er ist ein Weiberheld!", hämmerte es in meinem Kopf. „Warum ist er alleine nach Hause gefahren? Warum hat er die Frau, mit der er im Kino und beim Italiener war, nicht mit zu sich genommen? Warum reizt er mich so? Warum musste ich ihm immer wieder so lange in die Augen schauen? Warum kriege ich ihn nicht aus dem Kopf?" Die Nacht wurde für mich zum Tag. Ich wälzte mich im Bett hin und her und kam nicht zur Ruhe. Ich versuchte zu schlafen, aber ich wurde immer wieder wach und meine Gedanken kreisten.

Am folgenden Morgen wachte ich wie gerädert auf und hatte Mühe, aus dem Bett zu kommen. Bevor ich mir einen Kaffee kochte, ging ich zum Fenster, um zu schauen, ob ich ihn vielleicht sehen konnte... das war aber nicht der Fall. Ich sprang unter die Dusche und machte mich anschließend auf den Weg zur Arbeit. Unter meinem Scheibenwischer klemmte ein Zettel auf dem stand: „Mittwochabend 19 Uhr. Ich hole dich ab... Gruß, Matthias."

Mit zitternder Hand hielt ich den Zettel und alles in mir schrie: „NEIN! Du rennst in dein Unglück!", dennoch freute ich mich, dass er sich gemeldet hatte.

Der Arbeitstag wurde zur Qual, denn meine Gedanken waren nur bei Matthias! Immer wieder dieses „Warum? Warum? Warum?" Als abends Vera anrief, um sich mit mir zu verabreden, erzählte ich ihr nichts von Matthias, denn ich wollte mir ihre Standpauke nicht antun.

Ich konnte es kaum erwarten, dass es endlich Mittwochabend war. Pünktlich um 19 Uhr klingelte es an meiner Tür und als ich sie öffnete, schaute ich in einen wunderschönen, singenden Blumenstrauß: „Lass dich überraschen... la la la." Ich musste lachen, denn so wurde ich noch nie begrüßt.

Wir gingen zu seinem Wagen und er öffnete mir die Beifahrertür. Ich grinste innerlich, denn ich hatte nichts Anderes erwartet. Wir fuhren zu einem kleinen Baggersee, der ganz in der Nähe unseres Wohnortes war. Matthias hatte an alles gedacht: Decke, Rotwein, ein paar Leckereien, Gläser, Teller, sogar Servietten hatte er dabei. Ich war völlig überwältigt. So etwas hatte ich bisher noch nicht erlebt. Es war ein traumhafter Abend mit einem noch traumhafteren Abschluss. Wir landeten im Bett!

Als ich am nächsten Morgen aufwachte, war Matthias nicht mehr da. Habe ich das alles nur geträumt? Warum ist er abgehauen? Ich hatte den ganzen Tag ein Fragezeichen im Kopf. Als ich abends an seiner Tür klingelte, um mich für den wunderschönen Abend zu bedanken, war er nicht zu Hause. Ich wartete noch ein wenig und ging dann wieder in meine Wohnung. Ständig ging ich zum Fenster und hoffte ihn zu sehen. Das letzte Mal habe ich um 24 Uhr geschaut, bin dann nach unten gegangen, um sein Auto zu suchen. Es war kein

Licht in seiner Wohnung und das Auto war auch nicht zu sehen. Das machte mich völlig kirre: „Warum ist er nicht zu Hause? Ist er mit einer anderen Frau unterwegs? Hat er Sex mit einer anderen? Sitzt er wieder knutschend im Kino?" Mir brummte der Schädel. Ich ging zu Bett und versuchte zu schlafen. „Das kann doch nicht sein, dass dich dieser Mann so durcheinanderbringt. Du hast doch schon einige Männer nach deiner Trennung kennengelernt, aber warum ist das mit Matthias anders?", ging es mir durch den Kopf. Ich suchte nach einer Lösung, aber Fehlanzeige. Ich verstand mich selber nicht mehr. Und mit Vera konnte und wollte ich nicht darüber reden, denn sie wäre sicherlich sauer auf mich, dass ich mich überhaupt auf Matthias eingelassen habe.

Es vergingen einige Tage und plötzlich stand Matthias vor meiner Tür. „Darf ich auf ein Gläschen Wein reinkommen?", fragte er mich und bevor ich antworten konnte, stand er schon in meiner Wohnung. Am liebsten hätte ich ihn ausgequetscht wie eine Zitrone, aber ich hielt mich zurück. Wir tranken seinen mitgebrachten Wein und … landeten wieder in der Kiste. Was für ein Sex; so etwas wie mit ihm hatte ich vorher noch nicht erlebt. Nicht mal in meiner Ehe war es so leidenschaftlich!

Am nächsten Morgen war Matthias wieder weg. Meine Gefühlswelt spielte total verrückt und ich fühlte mich schlapp und ausgelaugt. Ich machte mich für die Arbeit zurecht und ging zu meinem Wagen. Genau neben meinem PKW hatte er sein Auto geparkt. Ich klemmte ihm einen kleinen Zettel hinter den Scheibenwischer, auf dem stand: Danke für den wunderschönen Abend. Ich freue mich auf unser nächstes

Treffen, liebe Grüße, Silke und meine Handy-Nummer. Dann machte ich mich auf den Weg zur Arbeit. Ich wartete den ganzen Tag auf eine Nachricht von ihm und den ganzen Abend saß ich auf meinem Sofa und starrte mein Handy an. Keine Reaktion! Aus lauter Verzweiflung öffnete ich eine Flasche Wein und trank ein Glas nach dem anderen. Am nächsten Morgen wachte ich mit einem schweren Schädel auf meinem Sofa auf. Immer noch kein Lebenszeichen von Matthias. Ich schaute aus dem Fenster und sah, dass mein Zettel nicht mehr hinter dem Scheibenwischer klemmte; er hatte ihn also gelesen...

Es folgten dann sieben höllische Tage! Von Matthias hörte ich nichts. Die Arbeit wurde zur Qual, denn ich konnte mich kaum konzentrieren. Abends schaute ich ständig aus dem Fenster, um ihn vielleicht zu sehen. Kurz vor dem Schlafengehen ging ich runter, um zu schauen, ob ich seinen Wagen sehe oder ob in seiner Wohnung Licht brennt. Und immer hatte ich mein Handy dabei, in der Hoffnung, dass er sich meldet. Nichts... es tat sich einfach nichts!

Am achten Tag kam nur kurz eine Nachricht mit den Worten: „Wie geht es dir?" Mehr nicht! Ich starrte auf mein Handy und schmiss es vor lauter Wut auf mein Sofa. Ich antwortete nur kurz: „Bei mir ist alles gut. Wann sehen wir uns? Liebe Grüße, Silke." ... und wieder kam keine Antwort. Ich ging ganz leise die Treppen hoch und lauschte an seiner Haustür. Es war still in seiner Wohnung, also musste er unterwegs sein. Und wieder fing mein Kopfkarussell an zu kreisen und kam die ganze Nacht nicht zum Stillstand. Aber was konnte ich schon erwarten? Ich war sicherlich eine von vielen Frauen.

Am nächsten Morgen stand ich völlig erschöpft auf und ging zum Fenster. Er ist also heute Nacht noch nach Hause gekommen, Gott sei Dank! Doch plötzlich sah ich ihn mit einer Frau zu seinem Wagen gehen. Er gab ihr einen Kuss und sie ging winkend Richtung Bushaltestelle.

Ich brach in Tränen aus und meldete mich auf Arbeit krank. Am späten Nachmittag rief ich völlig verzweifelt Vera an, musste mich aber beherrschen, dass ich ihr nichts von Matthias erzähle. So ganz nebenbei kam von ihr: „Du weißt doch, dass ich auf verschiedenen Singlebörsen unterwegs bin. Und weißt du was? Auf fast allen Portalen habe ich deinen Nachbarn gefunden. Das ist ja ein Prachtkerl! So klein ist die Welt!" Ihr zynisches Lachen konnte sie mal wieder nicht unterdrücken. Das konnte ich nicht glauben! Das wollte ich nicht glauben! Ich riss mich zusammen und erwiderte nur: „Ja, so klein ist die Welt!" Ich beendete das Gespräch und danach machte ich genau das, was ich immer verneint habe: Ich meldete mich auf mehreren Singlebörsen an, um mir das selbst anzusehen. Und siehe da! Vera hatte Recht. Ich fand einige Profile von ihm. Er war auf der Suche nach der Einen, der großen Liebe seines Lebens!

Ich hatte das Gefühl, keinen Boden mehr unter den Füßen zu haben. Jetzt verstand ich auch, warum er ständig wechselnde Frauen hatte. Er fand sie über diese Portale und die Frauen lagen ihm zu Füßen, denn er hatte sehr interessante, ansprechende Profile angelegt. Auch die Bilder, die er eingestellt hatte, zeigten ihn von seiner besten Seite.

Die kommenden Wochen und Monate waren katastrophal für mich. Ständig loggte ich mich auf den verschiedenen Web-Seiten ein, um zu schauen, ob bzw. wann er das letzte Mal online war. Zwischendurch kam von ihm mal eine kurze Nachricht oder er stand mit einer Flasche Wein überraschend vor meiner Tür und wir landeten immer wieder im Bett. Es war ein Teufelskreis, der nicht enden wollte. Ständig meldete ich mich auf Arbeit krank, denn ich war mit meinen Nerven total am Ende und ich fühlte mich ausgelaugt und leer. Aber wider besseren Wissens konnte ich mich seinem Charme und der Anziehungskraft, die von ihm ausging, nicht entziehen.

Wenn ich ihn um ein Treffen bat oder eine Nachricht schrieb, kam von ihm keine Antwort. Ich fing an, Kartenleger anzurufen und immer wieder hörte ich: „Er liebt Sie. Geben Sie ihm noch Zeit.“ Ich konnte es schon nicht mehr hören. Zeit geben! Ich wartete und wartete und wartete, aber es passierte nichts. Es blieb alles beim Alten. Ich wollte den Teufelskreis durchbrechen, schaffte es aber nicht.

Von Vera hatte ich mich immer mehr distanziert, denn ich konnte ihre Sticheleien nicht mehr ertragen. „Du gehst nicht mehr mit mir weg und hängst wahrscheinlich nur am Fenster, um deinen Idioten zu beobachten, wie er wieder Frauen abschleppt!“, musste ich mir anhören. Ich wollte mir nicht eingestehen, dass sie Recht hatte. Und da ich keine Lust auf noch mehr Stress hatte, habe ich mich bei ihr nicht mehr gemeldet und sie meldete sich auch nicht mehr bei mir.

Ich recherchierte im Internet nach karmischen Beziehungen, denn einige Kartenleger hatten von Karma gesprochen und ich müsse ihn loslassen. Irgendwann kam ich auf die Seite „Karmische-Liebe.de". Mit aufgerissenen Augen saß ich da und traute meinen Augen nicht! Es gab also zwei Frauen, die meine Situation verstanden. Ricarda und Conny waren meine letzte Rettung. Ich nahm Kontakt zu beiden auf und vereinbarte Gesprächstermine. Zudem kaufte ich mir noch ihre Bücher. Ehrlicherweise muss ich gestehen, dass ich das, was ich zu hören bekam, nicht hören wollte. Denn auch sie sagten: „Du musst ihn loslassen. Konzentriere dich auf dich und dein Leben. Du musst an dir arbeiten, damit es dir wieder gut geht und sich das Karma klärt!"

Und von beiden bekam ich eine Affirmation, mit der ich nicht arbeiten wollte. Ich hatte sie mir ausgedruckt und dann in den Müll geschmissen. Ich war bockig, trotzig wie ein kleines Kind, denn ich hatte das Gefühl, dass sie mir etwas wegnehmen wollten - meinen Matthias. Ich habe gefühlte 100mal das Buch gelesen; es wurde zu meinem ständigen Begleiter. Irgendwann, nach Monaten, gab ich endlich klein bei und fing an, mit der Affirmation zu arbeiten. Die ersten Tage waren fürchterlich. Dann spürte ich aber, dass es mir immer besser und besser ging. So langsam kam meine Lebensenergie wieder und ich fing an, mich immer mehr um mich zu kümmern. Ich meldete mich zum Bauchtanz an und lernte neue Frauen kennen. Ab und zu verabredete ich mich mit einer Frau aus der Gruppe auf ein Glas Wein oder Sonntag zum Spaziergang und es entwickelte sich eine Freundschaft daraus. Von Matthias habe ich ihr nichts erzählt, denn ich wollte nicht, dass er wieder Gesprächsthema wird. Denn durch die Beratungen mit Conny und Ricarda konnte ich mich auch langsam von Matthias lösen und zog mich von ihm zurück.

So langsam verlief mein Leben wieder in geordneten Bahnen und mein Bedürfnis, ständig nach ihm zu schauen, wurde immer weniger. Ab und zu meldete sich Matthias und stand auch bei mir mit einer Flasche Wein in der Hand vor meiner Tür, aber ich hatte die Stärke, um nein zu sagen; holte mir aber Rückendeckung von Conny und Ricarda.

Von einigen Singlebörsen hatte ich mich abgemeldet. Eine ist übriggeblieben und seit einiger Zeit bekam ich nette Nachrichten von einem Rainer. Nach langem Schreiben und Telefonieren haben wir uns zum Essen verabredet. Es war ein sehr angenehmer Gesprächspartner und bei der Verabschiedung sagte er: „Es war ein sehr schöner Abend und ich würde ihn gerne wiederholen." Ich bejahte es und ging frohen Mutes nach Hause.

Ich stand gerade in meiner Wohnung, da klopfte es an meiner Tür. Als ich sie öffnete, stand Matthias vor mir und war ziemlich aufgebracht: „Ich warte schon seit über 4 Stunden, dass du endlich nach Hause kommst. Wer war der Kerl, mit dem du unterwegs warst?" Ich traute meinen Ohren nicht! „Das geht dich gar nichts an und lass mich endlich in Ruhe. Du hast doch genügend Weibchen zur Auswahl! Mit mir nicht mehr!", ich knallte ihm die Tür vor der Nase zu. Er klopfte und schlug mit den Fäusten gegen meine Haustür. „Wenn du nicht sofort verschwindest, rufe ich die Polizei!", ich erschrak mich selber über meine harten Worte. Endlich hatte ich es geschafft, ihm die Stirn zu bieten. Endlich hatte ich das Gefühl, wieder frei zu sein!

Rainer und ich kamen uns immer näher und es entwickelten sich bei mir Gefühle, die ich lange Zeit nicht gespürt habe. Es war nicht so wie mit Matthias, denn es war eine ruhige Liebe. Er bemühte sich sehr um mich und es tat mir unheimlich gut, jemanden zu haben, der es gut mit mir meint und der da war für mich.

Matthias habe ich kaum noch gesehen und aus meinen Gedanken war er fast verschwunden. Ich meldete mich auf der Singlebörse ab, schaute aber noch kurz, wann Matthias das letzte Mal online war. Es lag schon mehrere Wochen zurück. Genüsslich drückte ich den Button: Profil löschen.

Rainer und ich waren nun schon über 3 Jahre zusammen. Wir wollten am Abend gemeinsam kochen und uns einen gemütlichen Fernsehabend bei mir machen. Ich stand in der Küche und hörte auf einmal einen fürchterlichen Krach im Treppenhaus. Ich schaute durch den Spion und sah, wie Matthias auf Rainer losging. Ich riss die die Tür auf und schrie ihn an: „Spinnst du? Lass ihn los! Mach, dass du wegkommst, du hast hier nichts zu suchen!" Mit blutender Nase lag Rainer am Boden. Wir sammelten die heruntergefallenen Lebensmittel ein und gingen in meine Wohnung.

„Der Typ ist ja völlig durchgeknallt! Er hat gesagt, dass ich die Finger von dir lassen soll! Was will der von dir?", fragend schaute mich Rainer an und ohne auf eine Antwort zu warten, sprach er weiter: „Die letzten Male, als ich bei dir war, hat er mich auch schon mehrmals im Treppenhaus angepöbelt. Was läuft da zwischen euch beiden?" „Nichts... wirklich nichts! Das liegt schon einige Jahre zurück, da hatten wir so eine Art ‚Irgendwas', anders kann ich es dir nicht erklären.", ich versuchte, ruhig zu bleiben, was mir aber nicht so gut gelang. „Weißt du, ‚Irgendwas' kann doch nicht stimmen.", erwiderte Rainer, „Das soll Jahre her sein? Du lügst mich doch an! Auf diesen Stress habe ich keine Lust! Kläre das mit dem Idioten, sonst bin ich weg." Rainers Laune wurde im Laufe des Abends zwar etwas besser, jedoch kam keine richtige Stimmung mehr auf. Spät in der Nacht verabschiedete er sich mit den Worten: „Wenn er mich das nächste Mal wieder von der Seite anquatscht, komme ich gar nicht erst zu dir, sondern fahre gleich wieder nach Hause. Nur, dass du Bescheid weißt!" ... und weg war er.

Die kommenden Tage war Rainer wie vom Erdboden verschluckt. Wenn ich ihm eine Nachricht geschrieben hatte, kam nur zurück: „Und... wie hat der Idiot reagiert?" Ich konnte nichts darauf antworten, denn ich hatte mit Matthias noch nicht gesprochen.

Gerade als ich allen Mut zusammengenommen hatte und mich auf den Weg zu Matthias machen wollte, klingelte es an meiner Haustür. Ein Häufchen Matthias stand vor meiner Tür. „Bitte lass uns reden. Ich halte es einfach nicht mehr aus...", kam kleinlaut aus ihm heraus. Ich wollte nicht, dass er in meine Wohnung kommt, denn ich brauchte neutralen Boden. „Wir können reden, aber nicht in meinen 4 Wänden.", antwortete ich, zog mich an und wir gingen spazieren. Da er nur neben mir herging und nichts sagte, ergriff ich das Wort: „Was ist los? Was möchtest du mit mir besprechen?" Ich blieb stehen und sah ihn an. Dabei fiel mir auf, dass sich seine Augen mit Tränen füllten. „Gib mir noch etwas Zeit. Ich muss mich erst sortieren, denn ich weiß nicht, wie und wo ich anfangen soll.", sagte er mit bedrückter Stimme. Wir gingen noch ca. zehn Minuten und dann platzte es aus ihm heraus: „Ich liebe dich. Auch wenn du es mir nicht glaubst, aber ich liebe dich wirklich. Ich bin in den letzten Monaten durch die Hölle gegangen. Immer wenn ich gesehen habe, dass dein Freund bei dir war, bin ich fast verrückt geworden. Du hast mir so unendlich gefehlt. Deine Berührungen, deine Wärme, dein Humor, das war damals alles zu viel für mich und jetzt fehlt es mir so unendlich. Ich habe immer die Eine gesucht, und als ich dich endlich gefunden hatte, kam ich mit all den Gefühlen nicht klar."

Er erklärte mir, wie sehr all das mit seiner Kindheit, seinem Verhältnis zu seiner kaltherzigen Mutter und seiner Vergangenheit zu tun hatte. In seinen Erklärungen schwang mit, dass er eine Menge über sich, sein Fehlverhalten und seinen Umgang mit Gefühlen gelernt hatte.

Wir gingen noch über eine Stunde spazieren und er hörte nicht auf zu reden. Vor meiner Haustür angekommen fragte er mich: „Darf ich dich in den Arm nehmen?" Doch bevor ich etwas sagen konnte, nahm er mich in den Arm und gab mir einen Kuss auf die Stirn. Er fragte weiter: „Sehen wir uns Samstagabend? Möchtest du zu mir kommen? Wollen wir etwas unternehmen? Vielleicht ins Kino oder Essen gehen?" „Ich sage dir morgen Bescheid.", sagte ich und verschwand in meiner Wohnung.

Ich lag im Bett und mir gingen ständig seine Worte durch den Kopf. Was hat dieser Mann nur durchgemacht? Was für eine Kindheit! Ich hatte in der Kindheit auch ein schwieriges Verhältnis zu meinem Vater, aber in den letzten Jahren hatte mich damit auseinandergesetzt und damit abgeschlossen. Wie geht es jetzt weiter? Rainer oder Matthias? Rainer bietet mir Sicherheit und eine Schulter zum Anlehnen. Kann mir das Matthias bieten? Ich stand zwischen zwei Stühlen und konnte mich weder für die eine Seite, noch für die andere Seite entscheiden. Die Entscheidung wurde getroffen, jedoch anders als erwartet.

Am nächsten Mittag gab ich Matthias Bescheid, dass wir uns am Samstag sehen können. Ich wollte wissen, ob er Rückmeldung gibt oder wieder in der Versenkung verschwindet. Ein paar Minuten später kam schon vom ihm eine Nachricht: „Ich freue mich sehr auf dich und hole dich um 19:30 Uhr ab." Am Abend rief mich Rainer an und wollte ein Treffen mit mir. Wir verabredeten uns bei meinem Lieblings-Italiener und ich versuchte, meine Gedanken zu ordnen: „Was sage ich ihm? Er möchte sicherlich wissen, ob ich mit Matthias gesprochen habe. Die Wahrheit, nämlich dass ich immer noch Matthias liebe? Ist das richtig, ist das falsch? Verrenne ich mich wieder oder treffe ich die richtige Entscheidung für mich?" Fragen über Fragen und keine Antworten. Ich ließ es auf mich zukommen.

Rainer saß mir gegenüber und hatte für uns schon etwas zu trinken bestellt. Plötzlich, nach einer anfänglichen Schweigeminute, sagte er: „Ich habe die ganze Zeit gespürt, dass etwas zwischen uns steht, aber es war für mich nicht greifbar. Es ist dein Nachbar, stimmt´s?" Kleinlaut gab ich ihm recht: „Es tut mir sehr leid, aber ich kann die Gefühle für Matthias nicht leugnen. Ja, er bedeutet mir sehr viel und ich liebe ihn immer noch." Wir saßen beide schweigend am Tisch, bis Rainer das Wort ergriff: „Lass uns als gute Freunde unsere Beziehung beenden. Ich möchte eine Frau an meiner Seite haben, die nur mich liebt. Ich teile nicht gerne, schon gar nicht meine Frau mit einem anderen Mann. Wir können gerne in Kontakt bleiben, aber nur wenn du möchtest." Ich hatte mit allem gerechnet, nur damit nicht. Nach dem Essen verabschiedeten wir uns, nahmen uns nochmal in den Arm und er gab mir zum Abschied einen Kuss auf die Wange.

Ich hatte mir ganz fest vorgenommen, mehr auf mich zu achten. Und das setzte ich auch konsequent um. Ich ließ Matthias machen. Er meldete sich regelmäßig bei mir. Wir verbrachten wunderschöne Abende miteinander, gingen Essen oder unternahmen Kurzreisen. Es ging hauptsächlich von ihm aus, ich hielt mich eher zurück. Wir sind nun seit ca. einem Jahr fest zusammen, wohnen aber noch in getrennten Wohnungen. Ich brauche meine freien Abende, um mich mit Freunden zu treffen oder einfach nur, um zu lesen oder um mit meiner Freundin zu quatschen. Matthias ist derjenige, der gerne mit mir zusammenwohnen möchte, und er sagt immer: „Ich muss dich festhalten, damit du bei mir bleibst." Und ich denke immer: „Nein, Du musst mich loslassen, damit ich bleibe." Wie verrückt ist das denn? Und es hat bei mir sehr lange gedauert, bis ich das verstanden habe. Aber nun habe ich es und ich werde mich nie wieder anders verhalten. Was habe ich neulich gelesen: *Ja, ich habe mich verändert – und nein, ich werde nicht mehr wie früher!*

Eine Geschichte mit einer Gefühlsklärerin

Die Geschichte von Robert & Franziska

Das Handballtraining war endlich vorbei und ich freute mich schon unheimlich auf den heutigen Abend mit Franziska. Ich schnappte mir mein Handtuch, sprang kurz unter die Dusche und legte einen Zahn zu, damit ich so schnell wie möglich abhauen konnte.

„Rooobert, beeil dich bloß, trifft sich deine Süße noch mit´nem echten Kerl!", lästerte Manfred und grinste mich hämisch an. „Mensch, Manne!", brüllte Uwe quer durch den Ankleideraum „Hör doch endlich damit auf! Nur weil du scharf auf Franziska bist und keine Chancen bei ihr hast, musst du doch nicht deinen Frust bei Robert ablassen." Manfred, der sichtlich sauer war, dass Uwe sich eingemischt hatte, nahm, ohne ein Wort zu sagen, seine Sporttasche und ging.

Uwe kam zu mir, legte seine Hand auf meine Schulter und sagte: „Macht euch beide einen schönen Abend und denk nicht über das Lästermaul Manne nach. Der ist doch nur beleidigt, weil er von Franziska wieder mal eine Abfuhr bekommen hat."

„Na ja, er kann es einfach nicht lassen.", erwiderte ich und beim Verlassen der Umkleidekabine rief ich Uwe noch zu: „Grüß Angelika und die Kinder von mir."

Pünktlich um 19 Uhr stand ich wie vereinbart vor der Pizzeria und wartete auf Franziska. 30 Minuten später versuchte ich sie per Handy zu erreichen – vergeblich. „Fast jedes Mal kommt sie zu spät.", dachte ich mir und ging vor dem Restaurant ungeduldig auf und ab. „Hoffentlich hat sie unser Date nicht wieder vergessen!", ging es mir durch den Kopf.

Um 20 Uhr kam Franziska abgehetzt angerannt an und rief schon von weitem: „Ich habe Hunger aber nicht viel Zeit. Ich ziehe heute Abend noch mit meinen Mädels um die Häuser." „Ich habe mir den Abend extra freigehalten, denn ich dachte, dass wir nach dem Essen noch gemeinsam etwas unternehmen.", erwiderte ich. Ich war total enttäuscht: „Bitte sage deinen Mädels ab! Du bist doch ständig mit ihnen unterwegs."

„Moment mal!", wehrte Franziska ab, „ICH entscheide, wann ich mit wem zusammen sein möchte. Und ich möchte mir dir Essen gehen und anschließend mit meinen Freundinnen um die Häuser ziehen. Wenn dir das nicht passt, dann kann ich ja gleich wieder gehen." Ich gab klein bei – wie immer!

Wir gingen in die Pizzeria, gaben die Bestellung auf und Franziska flirtete ungeniert mit dem Kellner. Es versetzte mir einen Stich ins Herz, ich sagte aber nichts, denn ich hatte Angst, dass sie aufsteht und ohne etwas gegessen zu haben das

Restaurant verlässt. Auch das hatten wir in den letzten zwei Jahren unseres „was auch immer" Verhältnisses schon.

Franziska vertilgte hastig ihre Pasta, als hätte sie mehrere Tage nichts zu essen bekommen, und nach dem Dessert stand sie sofort auf, verabschiedete sich kurz und weg war sie. Wie ein begossener Pudel saß ich da und wartete, dass der Kellner mir die Rechnung bringt. Ich zahlte und machte mich Richtung Heimat auf den Weg.

Mein Kopfkarussell setzte sich wieder in Bewegung: „Ist sie wirklich mit ihren Mädels unterwegs oder vielleicht mit einem anderen Mann? Warum sagt sie immer häufiger unsere Dates ab? Warum hat sie abends kaum noch Zeit für mich? Warum zieht sie sich bloß in der letzten Zeit immer mehr zurück? Habe ich etwas Falsches gesagt oder gemacht?"

Ich haute mit meiner geballten Faust gegen meinen Kopf: „Ruhe jetzt!", aber meine Gedanken machten, was sie wollten. Sie drehten sich weiter um Franziska, nur um Franziska.

Zu Hause angekommen versuchte ich alles, um wieder einen klaren Kopf zu bekommen. Ich zappte durchs Fernsehprogramm, aber es lief nichts, was mich wirklich interessierte. Ich ging zu Bett und wollte einschlafen - aber das funktionierte auch nicht!

Kurzentschlossen zog ich mich wieder an und ging raus an die frische Luft. Es war ein warmer Sommerabend mit einem atemberaubenden Sternenhimmel. „Wie gerne würde ich jetzt mit Franziska Hand in Hand auf einer Parkbank sitzen und diese wundervolle Aussicht genießen.", dachte ich. Allein schon bei dem Gedanken wurde mir ganz warm ums Herz. Ich war so enttäuscht, dass sie lieber mit ihren Freundinnen etwas unternahm, als mit mir den Abend zu verbringen. Ich spürte, wie sich meine Augen mit Tränen füllten, und ich versuchte alles, um sie unterdrücken – es ging aber nicht!

Völlig wahllos lief ich durch unseren kleinen Ort und plötzlich hörte ich von weitem ein vertrautes Lachen! Es war Franziska und – ich traute meinen Augen nicht – Manfred! Eine Wut stieg in mir hoch, denn er versuchte immer wieder, bei ihr zu landen und baggerte wie ein Weltmeister um ihre Gunst.

Wie von Sinnen rannte ich auf die beiden zu, packte Manfred von hinten am Kragen und schupste ihn zu Boden. „Lass die Finger von ihr!", schrie ich ihn an, und noch bevor ich etwas zu Franziska sagen konnte, brüllte sie: „Du Idiot, spinnst du? Lass mich in Ruhe! Hör endlich auf zu klammern wie ein Baby. Du erdrückst mich förmlich! Wir sind kein Paar und ich kann machen, was ich will! Begreif das endlich mal! Also mach, dass Du wegkommst!" Fassungslos stand ich da und sah nicht, dass Manfred zwischenzeitlich aufgestanden war und mich von hinten angriff. Wie zwei Hyänen gingen wir aufeinander los.

Ein paar Männer, die zufällig vorbeikamen, brachten uns auseinander. Als wir uns einigermaßen beruhigt hatten, stellten wir fest, dass Franziska nicht mehr da war.

Mit blutender Nase und ziemlich angeschlagen machte ich mich auf den Heimweg. Manfred schrie mir noch aufgebracht nach: „Glaubst du etwa, dass du sie bekommst? Du dummes

Weichei! Wir werden ja sehen, wer von uns beiden der Bessere ist! Der Bessere bin ich!" Ich ließ ihn einfach weiterbrüllen und drehte mich nicht einmal um.

Die ganze Nacht kam ich nicht zur Ruhe, ich wälzte mich im Bett hin und her und versuchte, das Gesagte von Manfred aus dem Kopf zu kriegen: „Der Bessere bekommt sie! Du dummes Weichei." Diese Sätze saugten sich wie eine Zecke in meinem Gehirn fest.

Am kommenden Morgen rief ich aus lauter Verzweiflung Uwe an. Als ich ihm erzählte, was passiert war, rastete er völlig aus: „Dieser Scheißkerl! Dieser Möchtegern! Dass der die Finger nicht von Franziska lassen kann, ist doch das Letzte! Und dann die Schlägerei! Na, da bin ich aber gespannt, wie das Handballtraining am kommenden Freitag wird! Wenn er wieder ausrastet, dann lernt er mich mal von einer ganz anderen Seite kennen."

Ich nutzte die passende Gelegenheit und schüttete bei Uwe mein Herz aus: „Als Franziska und ich uns vor gut zwei Jahren kennenlernten, schwebten wir beide im 7. Himmel. Die ersten Wochen waren traumhaft schön, wir hatten leidenschaftlichen Sex, lagen stundenlang kuschelnd auf meinem Sofa und sie sagte mir immer wieder, dass sie so etwas wie mit mir noch nicht erlebt hätte. Doch nach ungefähr zwei Monaten veränderte sie sich plötzlich wie aus heiterem Himmel. Sie zog sich immer mehr zurück und war kühl und distanziert. Seitdem weiß ich nicht mehr, woran ich bei ihr bin. Wir verabreden uns, doch kurzfristig sagt sie ab oder erscheint nicht zum vereinbarten Treffen. Wenn ich mich bei ihr melde und um einen Rückruf bitte, höre ich tage- oder wochenlang nichts von ihr. Wenn ich mich aber eine Zeitlang nicht rühre, dann meldet sie sich, wird sauer und gibt mir die Schuld, dass ich kein Interesse an ihr hätte. Wenn wir leidenschaftlichen Sex hatten, stand sie gleich danach auf und ging. Es ist ein ständiges Chaos, ein Auf und Ab, das unheimlich an meinen Nerven zerrt und mich wahnsinnig viel Kraft kostet. Ich kann mich kaum noch auf meine Arbeit konzentrieren und mir unterlaufen ständig Fehler. Mein Chef hat mich diesbezüglich schon mehrfach ermahnt und sogar schon mit Kündigung gedroht! Aber ich liebe diese Frau so sehr, obwohl ich nicht weiß, woran ich bei ihr bin und was ich machen kann, damit ich endlich wieder zur Ruhe komme."

Uwe hörte die ganze Zeit zu und sagte dann: „Oje, ich habe ja gar nicht geahnt, dass es so kompliziert bei euch beiden ist. Aber... Frauen wollen erobert werden. Zeig ihr ganz deutlich, was du für sie empfindest. Und dann gibst du mal richtig Gas!"

„Okay, dein Wort in Gottes Ohr! Ich muss jetzt los zur Arbeit, sonst komme ich wieder zu spät!", sagte ich und legte auf. „Uwe hat recht! Frauen wollen erobert werden! Also muss ich Gas geben.", ging es mir durch den Kopf und ich beschloss, mich noch mehr um Franziska zu bemühen.

Um einer Konfrontation mit Manfred aus dem Weg zu gehen, meldete ich mich bei unserem Trainer für die kommende Spielsaison ab. Natürlich ahnte er, dass ich wegen Manfred nicht kommen wollte, ist darauf aber nicht eingegangen. Unsere Schlägerei hatte die Runde gemacht und ich hatte keine

Lust, mir das Getuschel und Geläster hinter meinem Rücken anzutun.

In den kommenden Wochen meldete ich mich verstärkt bei Franziska, schickte ihr Blumen mit kleinen Grußkarten nach Hause und holte sie von der Arbeit ab. Manchmal freute sie sich, manchmal war sie wütend und reagierte ungehalten.

Zu ihrem 44. Geburtstag schenkte ich ihr ein verlängertes Wochenende an der Nordsee. Ich hatte das Hotelzimmer gebucht, eine Kutschfahrt organisiert und ein Candle-Light-Dinner am Kamin für uns bestellt. Sie freute sich riesig über das Geschenk, sagte jedoch zwei Tage vorher ohne Begründung einfach ab. Ich war maßlos frustriert, denn ich wollte ihr an diesem Wochenende eigentlich einen romantischen Heiratsantrag machen.

Eines Abends, ich konnte früher als geplant von der Arbeit nach Hause gehen, fuhr ich zu Franziskas Arbeitsstätte und wollte sie überraschen. Anstatt sich zu freuen, reagierte sie ziemlich heftig. „Du schnallst es wieder einmal nicht! Ich will nicht, dass du meinen Kollegen vermittelst, dass wir ein Paar sind! Und hör auf, mir Blumen zu schicken. Ich schmeiße sie schon immer weg, denn ich bin einfach nur genervt von dir. Wir sind Freunde und mehr nicht. Kriegst du das endlich in deinen Schädel rein?", brüllte sie mich an. Völlig fassungslos stand ich da und wusste nicht, wie ich darauf reagieren sollte. Ich setzte mich in meinen Wagen, ließ Franziska einfach stehen, und fuhr los. Ich war so enttäuscht, verzweifelt, gekränkt und am Ende meiner Kräfte. „So kann es nicht mehr weitergehen. Ich MUSS etwas verändern, ob ich will oder nicht, sonst gehe ich noch vor die Hunde.", hämmerte es in meinem Kopf, aber ich wusste noch nicht wie. Ich hatte mir fest vorgenommen, mich erstmal zurückzuziehen und mich nicht mehr bei ihr zu melden.

Ein paar Tage später kam von ihr eine Nachricht: „Hey, wie geht's? Lust, heute Abend etwas zu unternehmen? 19 Uhr?" Sie tat ganz so, als wäre gar nichts passiert. Unglaublich! Aber ich war doch ziemlich froh, dass sie sich wieder meldete. Denn trotz allem, was gewesen ist, vermisste ich sie schrecklich. Ich wollte ihr zwar nicht gleich antworten, schrieb aber nach ca. einer Stunde zurück: „Ja, ich komme vorbei. Ich freue mich!" Prompt kam von ihr: „Zu spät, jetzt ich treffe mich mit meinen Mädels. Du hast dich ja nicht gemeldet und hinhalten lasse ich mich auch nicht!" Das war zu viel für mich, denn jetzt platze mir der Kragen. Alles, aber wirklich alles, was sich in den letzten Jahren bei mir angesammelt hatte, kam in mir hoch. Ich setzte mich an meinen Rechner und schrieb ihr eine lange Mail mit den ganzen Verletzungen, die ich durch sie erfahren hatte.

Nach genau einer Woche bekam ich spät abends von ihr eine Antwort: „Ich kündige dir die Freundschaft! Es ist aus zwischen uns!"

Völlig verzweifelt rief ich noch Uwe an und er sagte: „Komm vorbei. du bleibst heute Abend nicht alleine. Ich will nicht, dass du auf dumme Gedanken kommst, Angelika und ich warten auf dich."

Unter Tränen fuhr ich zu ihnen und wir redeten über die Situation mit Franziska bis in die Nacht hinein. Plötzlich sagte Angelika: „Wartet mal – ich habe doch für meine

Arbeitskollegin gestern ein Buch aus der Buchhandlung abgeholt. Sie steckt in der gleichen Situation wie du. Ich glaube, das könnte dich auch interessieren!" Sie verschwand kurz und kam mit dem Buch „Dualseelen & die Liebe" zurück. Sie las den Klappentext und einige Passagen aus dem Buch vor. „Du hast recht!", sagte ich, „Das Buch werde ich mir auch besorgen." Anschließend gingen wir schlafen.

Am nächsten Morgen meldete ich mich auf Arbeit krank, fuhr zur Buchhandlung und bestellte mir das Buch. Zwei Tage später hielt ich es in den Händen und las es an einem Tag komplett durch. Es hätte auch heißen können: Robert und Franziska.

Das ganze Wochenende saß ich vor meinem Rechner, stöberte auf der Seite „Karmische-Liebe.de" und las Blogbeiträge, die mich ansprachen. Immer wieder ging mir durch den Kopf: „Wie bei uns – genauso ist es!"

So langsam aber sicher verstand ich den Hintergrund unserer Verbindung: Ich bin herzgesteuert und sie ist kopflastig. Da treffen zwei Welten aufeinander! Ich besorgte mir auch noch die beiden anderen Bücher: „Der Loslasser" und „Der Gefühlsklärer". Obwohl mir das Arbeitsbuch „Der Loslasser" bei meinen karmischen Lernaufgaben sehr half, holte ich mir ab und zu Hilfestellung von Conny und Ricarda. Die Gespräche waren ein Segen für mich, denn danach hatte ich wieder etwas mehr verstanden und es ging mir auch immer besser. Zur Unterstützung bekam ich von ihnen eine Affirmation, mit der ich mich anfangs nicht anfreunden konnte. Ein paar Monate später, als die Verlustangst und die Sehnsucht nach Franziska mich wieder einholten, entschloss ich mich, mit der Affirmation doch regelmäßig zu arbeiten. Und siehe da – es ging bergauf.

Ich arbeitete schon über ein halbes Jahr konsequent an mir, als mich eine Nachricht völlig aus der Bahn warf. Uwe rief mich an und sagte: „Manfred hat vor zwei Monaten eine kleine Erbschaft gemacht. Er hat sich einen Sportwagen gekauft und lässt noch mehr den Macho raushängen. Und – Franziska und Manfred haben sich gestern verlobt und heiraten im August. Die Hochzeitsreise geht wohl angeblich in die Karibik. Ich musste es dir sagen, bevor du es von Anderen erfährst."

In mir brach eine Welt zusammen! Ohne ein Wort zu sagen, legte ich auf und fing bitterlich an zu weinen. Ich hatte keinen Boden mehr unter den Füßen und völlig verzweifelt rief ich bei Conny und Ricarda an. „Gib Gas mit der Affirmation und baue dich auf! Du musst es dir gutgehen lassen!", hörte ich immer wieder, aber anfangs funktionierte es einfach nicht! Ich bekam von ihnen eine zweite Affirmation, die meinen Selbstwert aufbaute und nach einiger Zeit spürte ich eine deutliche Verbesserung. Es ging mir wieder einigermaßen gut.

Ich lenkte mich ab, fing in einem anderen Handballverein an und ging verstärkt mit Freunden und Arbeitskollegen weg. Obwohl anfangs alles sehr mühsam war, wurde es von Zeit zu Zeit leichter. Hin und wieder hatte ich noch Einbrüche, konnte mich aber mit den Affirmationen verhältnismäßig schnell wieder aufbauen.

Ab und zu traf ich mich mit Angelika und Uwe, und wenn Uwe das Thema „Manne und Franziska" ansprach, sagte ich nur kurz: „Sei bitte nicht böse, aber ich möchte darüber nicht mehr sprechen – das Thema ist für mich out." Ich wollte einen freien Kopf haben und nicht ständig daran erinnert werden.

In den kommenden drei Jahren veränderte ich komplett mein Leben. Ich bewarb mich in einer anderen Firma um eine Abteilungsleiter-Position und bekam die Stelle. Meine 2-Zimmerwohnung tauschte ich mit meinem Nachbarn gegen seine 3-Zimmerwohnung, ich kaufte mir neue Möbel und einen schicken Mittelklassewagen. Zeitgleich hatte ich mich auf einer Singlebörse angemeldet, einige Frauen gedatet, kurzzeitig zwei Beziehungen gehabt und manchmal kam mir noch Franziska in den Kopf – ich schob sie aber schnell wieder aus meinen Gedanken raus. Die beiden Beziehungen hatten mir gutgetan, waren aber gefühlsmäßig nicht annähernd so stark wie die Verbindung zu Franziska.

Kurz vor Weihnachten rief Uwe mich an: „Komm doch am Heiligen Abend zu uns, dann sitzt du nicht so alleine zu Hause." Ich überlegte kurz, sagte dann zu und besorgte noch schnell ein paar Kleinigkeiten, damit ich nicht mit leeren Händen zu ihnen gehen musste.

Bepackt mit den Geschenken machte ich mich am Heiligen Abend auf den Weg. Gerade als ich in meinen Wagen steigen wollte, sprach mich jemand von hinten an.

„Ich wünsche dir ein wundervolles Weihnachtsfest!", hörte ich und erkannte sofort Franziskas Stimme.

„Was machst du denn am Heiligen Abend vor meiner Haustür?" wollte ich völlig verdutzt wissen. „Ich bin heute Abend allein. Manfred und ich haben nur noch Streit und er verbringt den Abend bei seinen Eltern. Es ist ihm egal, wo ich hingehe und mit wem ich den heutigen Abend verbringe. Und da ich wusste, wie schön es bei dir Weihnachten ist – mit dem wundervoll geschmückten Weihnachtsbaum, dem fantastischen Essen und dem geschmackvoll gedeckten Tisch habe ich lange überlegt und mich dann dazu durchgerungen, zu dir zu gehen. Ich weiß sonst nicht, wo ich hingehen soll – ich fühle mich so allein." Ich sah Tränen in ihren Augen und sagte nur: „Ähm… ich muss los, denn ich bin bei Uwe und Angelika eingeladen. Es tut mir sehr leid, aber ich kann nicht hierbleiben." Ich verabschiedete mich von ihr, lies sie stehen und fuhr Richtung Uwe und Angelika.

„Das hast du gut gemacht! Sei stolz darauf, dass du stark geblieben bist! Du bist doch kein Notnagel oder Seelenklempner für sie und Manfred. Sie kann doch nicht wirklich glauben, dass du nach all der Zeit einfach so springst, wenn ihr danach ist. Weihnachten hin oder her!", hörte ich von den beiden, als ich ihnen berichtete, was passiert war. Und auch wenn mir Franziska ein klein wenig leidtat, musste ich ehrlicherweise gestehen, es fühlte sich richtig und gut an! Wir verbrachten einen entspannten Abend, und da ich viel zu viel Rotwein getrunken hatte, fuhr ich abends mit dem Taxi nach Hause. Schon beim Betreten der Wohnung sah ich, dass mein AB blinkte. Ich ließ ihn aber weiter blinken und ging schlafen. „Abhören - nein danke! Ich will mir den schönen Abend nicht verderben.", dachte ich und schlief selig ein.

An den beiden Feiertagen hörte ich den AB auch nicht ab, denn ich hatte alle wichtigen Freunde und meine Familie angerufen und allen ein schönes Weihnachtsfest gewünscht. Es konnte also nur eine Nachricht von Franziska sein.

Und ich hatte recht! Nach den Feiertagen hörte ich meinen AB ab und richtig, es war Franziska: „Ich kann mir denken, dass du sauer und verletzt bist. Aber ich möchte dich gerne wiedersehen und vor allem mit dir reden. Bitte ruf mich an! Bitte!"

„Nein!", schrie mein Kopf - „Ja!", schrie mein Herz! Ich nahm das Buch „Dualseelen & die Liebe" zur Hand und las das Kapitel: „Es ist soweit" mehrmals hintereinander. Danach raffte mich auf, nahm das Handy zur Hand und rief Franziska an. Sie freute sich sehr über meinen Rückruf. Wir vereinbarten gleich für den Anfang des neuen Jahres ein Treffen.

Wie verabredet trafen wir uns um 20 Uhr vor der kleinen Pizzeria, und zwar dort, wo wir uns früher immer getroffen hatten. Sie erschien pünktlich auf die Minute. Die sonst so selbstsichere Franziska gab es nicht mehr, sie wirkte auf mich traurig und labil. Und sie sah einfach nur fertig aus!

Wir bestellten unser Essen und leise fing sie an zu sprechen: „Du bist so ein feiner Kerl und ich habe dich früher immer schlecht behandelt. Das tut mir so unendlich leid! Ich hatte das Gefühl, dass du meine Gedanken lesen kannst und immer weißt, was in mir vorgeht. Ich wollte aber um nichts in der Welt meine Gefühle preisgeben. Ich konnte jedoch nichts vor dir verbergen und das hat mir verdammt viel Angst gemacht. Und deshalb habe ich dich immer wieder weggeschupst und verletzt, obwohl ich dich eigentlich über alles geliebt habe. Ich habe dich vermisst, wenn du nicht da warst, und weggebissen, wenn du mir zu nahegekommen bist. Es war eine Achterbahnfahrt der Gefühle. Und da ich aus dieser Situation raus wollte, kam Manfred mir gerade recht. Mit ihm war einfach alles leichter. Zu Anfang trug er mich auf Händen, kaufte mir schöne Dinge, wie verreisten viel, aber nach kurzer Zeit zeigte er sein wahres Gesicht. Er ist ein berechnender und eiskalter Mensch. Wenn ich Probleme hatte, lies er mich einfach stehen und sagte: ‚Heul dich wo anders aus – bei mir nicht!' Und in den letzten Monaten trank er sehr viel und wurde manchmal sogar handgreiflich." Sie fing bitterlich an zu weinen und ich saß da und konnte nichts sagen!

Sie erzählte noch sehr viel über ihre vorherigen, offenbar fürchterlichen Beziehungen und von ihrem sehr, sehr strengen Vater, der einfach ohne Grund immer wieder zuschlug. „Ich musste mich von klein auf an schützen und habe mir deshalb einen dicken Schutzpanzer zugelegt, denn sonst wäre ich an alldem zerbrochen.", weiter konnte sie nicht sprechen, denn nun brach sie innerlich völlig zusammen und weinte herzzerreißend.

„So etwas wie mit dir habe ich vorher noch nie erlebt und ich war damit völlig überfordert! Ich konnte deine Nähe und Wärme nicht ertragen – es ging einfach nicht. Erst als du dich nicht mehr gemeldet hast und wie vom Erdboden verschluckt warst, ist mir ein Licht aufgegangen. Du hast mir unsagbar gefehlt und ich habe von Tag zu Tag mehr gelitten – konnte es aber keinem erzählen, denn ich war ja immer die starke Frau, die weiß, was sie will. Die Ehe mit Manfred war die falscheste Entscheidung, die ich je getroffen habe.", erzählte sie weiter.

Wir saßen über drei Stunden zusammen, und als sie mich fragte, ob sie bei mir übernachten dürfe, verneinte ich, denn ich wollte alles erstmal sacken lassen und auf Abstand bleiben. So schnell konnte ich mich jetzt nicht einfach wieder auf irgendetwas einlassen. Also fuhr ich sie zu einer ihrer Freundinnen, denn sie wollte nicht nach Hause zu Manfred.

Am nächsten Tag bekam ich von ihr eine kurze Nachricht: „Danke, dass du mir zugehört hast und für mich da warst. Ich werde die Scheidung einreichen und mir eine kleine Wohnung suchen."

Genau drei Monate später, wir hatten uns zwischenzeitlich ab und zu getroffen, uns vorsichtig wieder angenähert und auch schon ein paar schöne Abende miteinander verbracht, unterschrieb sie ihren Mietvertrag und bat mich, ihr beim Umzug zu helfen.

Ich organisierte einen Lieferwagen und gerade, als wir beim Stapeln der Umzugskisten waren, stand Manfred vor mir. Ich grinste ihn nur an und sagte: „Der Bessere gewinnt – und das bin ich!" Er sagte nichts und ging!

Das alles liegt jetzt schon drei Jahre zurück. Während der Trennungsphase unterstützte ich Franziska, denn Manfred war absolut gegen die Scheidung – er zettelte eine Schlammschlacht vom Allerfeinsten an. Als er aber merkte, dass er damit nicht durchkam, gab er klein bei und unterschrieb letztlich die Scheidungspapiere.

Nachdem alles überstanden war, fragte ich Franziska, ob sie Lust hätte, den versäumten Nordseeurlaub nachzuholen. Sie war total begeistert. Ich organisierte das Wochenende genauso wie beim ersten Mal. Nach unserem Candle-Light-Dinner fiel ich vor ihr auf die Knie und machte ihr einen Heiratsantrag. Mit Tränen in den Augen sagte sie „Ja."

Und als wir abends kuschelnd im Bett lagen, flüsterte sie mir ins Ohr: „DU bist der Bessere und kein Weichei!" und da wusste ich, dass sie Manfreds Worte damals noch gehört hatte.

Über die Autorinnen

Cornelia Mroseck & Ricarda Sagehorn befassen sich seit nunmehr fast 15 Jahren mit Dualseelen und ihren karmischen Verstrickungen und arbeiten erfolgreich als Lebensberaterin und Dualseelen-Coach.

Ihr Wissen geben sie ebenfalls in Seminaren & Workshops weiter. Diese behandeln die Themen Karma, Dualseelen und Selbstliebe. Außerdem haben sie ein eigenes Orakelkartenset für Dualseelen entwickelt, das durch den Dualseelenprozess hilft und Botschaften von der Dualseele bereithält.

Weitere Informationen, sowie Seminare & Workshops unter:

www.karmische-liebe.de
oder
www.dualseelen-liebe.de

Weitere Bücher der Autorinnen:

Dualseelen & die Liebe

Der Loslasser

Der Gefühlsklärer

Dualseelen FAQ

Das Dualseelen-Orakel

Kartenset mit 48 Karten und Begleitbuch

Erhältlich nur unter:

www.dualseelen-shop.de